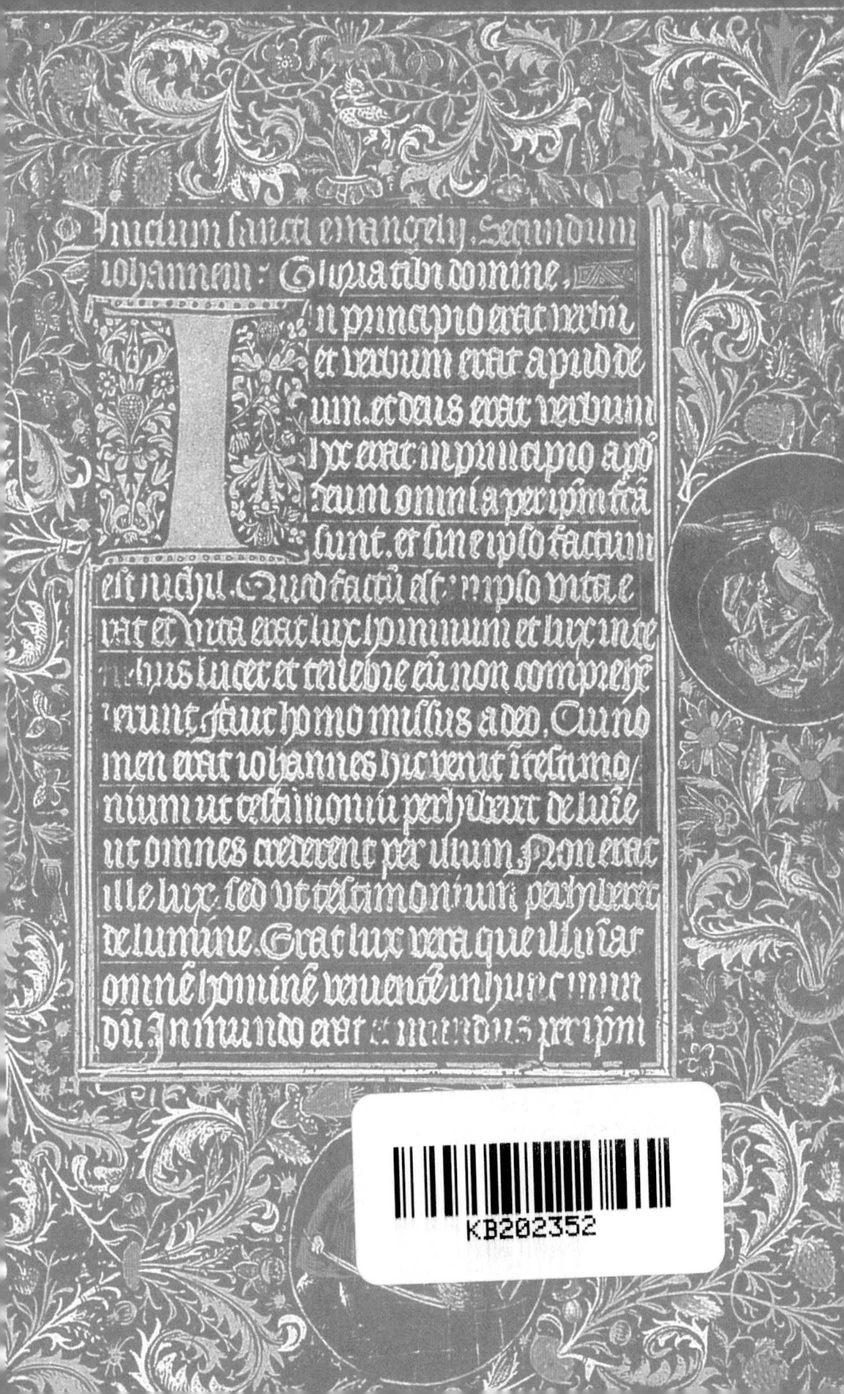
Initium sancti evangelij. Secundum
iohannem: Gloria tibi domine.
In principio erat verbum
et verbum erat apud de
um. et deus erat verbum
hoc erat in principio apud
deum omnia per ipsum facta
sunt. et sine ipso factum
est nichil. Quod factū est in ipso vita e
rat et vita erat lux hominum et lux in te
nebris lucet et tenebre eā non comprehē
derunt. Fuit homo missus a deo. Cui no
men erat iohannes hic venit ī testimo
nium ut testimoniū perhiberet de lūie
ut omnes crederent per illum. Non erat
ille lux. sed ut testimonium perhiberet
de lumine. Erat lux vera que illuīat
omnē hominē venientē in hunc mun
dū. In mundo erat et mundus per ipsm

국립중앙도서관 출판시도서목록(CIP)

세상은 한 권의 책이었다 /
소피 카사뉴-브루케 지음 ; 최애리 옮김.
-- 개정판. -- 서울 : 마티, 2013
p.304 ; 125×185mm
원표제: Passion du livre au Moyen âge
원저자명: Sophie Cassagnes-Brouquet
프랑스어 원작을 한국어로 번역
ISBN 978-89-92053-79-2 03900 : \ 18000
도서(책)[圖書]
도서학사[圖書學史]
010.9-KDC5
002.09-DDC21
CIP2013020299

세상은 한 권의 책이었다

소피 카사뉴-브루케 지음

최애리 옮김

마티

그의 빛 깊은 곳에서 나는 보았노라.

우주에 흩어진 모든 것이

사랑에 의해 한 권의 책으로 엮어진 것을.

-단테의 『신곡』 '천국편' 중에서

01
책 만들기

02

진귀하고 소중한 보물

03
어떤 독자들이 어떤 책을 읽었나?

04
책과 화공들

복음서 기자 성 마가.

12세기.

책의 역사를 열다

중세 이후로, 책의 역사는 서구 문명의 역사와 따로 떼어 생각할 수 없게 되었다. '씌어진 글'이 문화를 전수하는 데 있어 없어서는 안 될 요소가 된 것이다. 물론, "중세 문명이 곧 책의 문화였다"라는 식으로 일반화할 수는 없다. 당시에는 대부분의 사람들이 글을 읽을 줄 몰랐고 책이라는 귀한 물건을 접해볼 기회조차 없었기 때문이다. 하지만 책이 아주 희귀한 물건이었던 것만은 아니다. 종교생활은 거의 책으로 이루어졌다. 기독교가 서구에 전파되면서 책은 신성한 성격을 띠게 되었고, 예수 그리스도는 손에 성서를 들고 있는 모습으로 그려지곤 했다.

'책에 대한 열정'은 중세의 한 면모였고, 이 시대가 서구 문명에 남긴 중요한 유산 가운데 하나였다. 유럽의 도서관에는 이런 문화적·예술적 유산의 상당 부분이 남아 있지만, 아쉽게도 옛 서고를 찾는 발길은 그리 많지 않다.

이 책은 중세 사람들의 책에 대한 '열정'을 보여주고자 한다. 우선 책이라는 귀한 물건이 만들어지는 과정, 즉 양피지(羊皮紙)가 필경사(筆耕師)와 채식사(彩飾師)들의 오랜 수고를 통해 수서본(手書本)으로 태어나는 과정을 살펴볼 것이다. 이런 창작의 산실들이 수도원에서 도시로 옮겨지면서 책과 독자의 관계도 새로운 양상으로 발전해나갔다.

다음으로는, 당시의 독자들이 책을 읽고 그 책의 내용과 형식을 어떻게 이해했는지에 관해 다루어볼 것이다. 중세에도 책을 읽고 사용하는 여러 가지 방식이 있었다. 수도사들은 성서를 앞에 놓고 경건한 묵상에 잠겼고, 귀족 제후들은 소설이나 사냥 지침서를 읽으며 여가를 즐기는가 하면 학생들은 라틴어 문법책과 씨름을 하는 등 책과 독자의 관계는 아주 다양했다.

또한, 책의 형태는 갈수록 다양해졌고 화려한 그림들이 곁들여졌다. 수서본을 주문하는 이들은 여유만 있으면, 채식사를 고용해 책을 장식하게 했다. 신앙 서적이든 세속 서적이든 채식(彩飾)은 중세의 책에서 독특한 중요성을 획득했다. 그림은 글의 내용을 한층 더 풍부하게 해주었고, 그림이 많이 들어간 책은 베리 공작(Jean de Berry) 같은 열렬한 애서가들의 수집 대상이 되었다. 가장 뛰어난 화가들이 수서본을 장식하는 데 참여했으니, 어쩌면 회화는 책과 함께 발달했다고 볼 수도 있으리라.

성령강림.

단색화법과 화려한 디자인의 서체가 조화롭게 채색되었다. 얀 드 타베르니에는 이런 단색 농담화(grisaille)의 대가였다. 『필립 르 봉의 시도서』, 15세기, 헤이그 시립도서관.

heures du s. esperit
Domine labia mea
aperies. Et os
meū annunciabit
laudem tuam.
Deus in adiutoriū meum
intende. Domine ad ad

CHAPTER 01

책 만들기

끝을 뾰족하게 깎은 갈대펜과 긁개를 이용해 글을 쓰고 있는 중세 후기 작가 크리스틴 드 피장.

『오테아 서간집』, 크리스틴 드 피장, 런던 브리티시 도서관.

책이 물리적 대상으로서 결정적인 형태를 얻게 된 것은 중세 때의 일이다. 그러기까지 책의 형태는 많은 변천을 겪었다. 그 역사는 두 가지 기술적 혁명 사이에 위치하는데, 하나는 1세기경에 출현한 '코덱스'(codex)이고, 다른 하나는 1460년경에 발명된 '인쇄술'이다. 고대에는 오늘날과 같은 책이 없었다. 당시에는 글을 쓰기 위한 서판으로 밀랍을 칠한 목판, 점토판, 나무껍질 등의 여러 가지 소재가 동원되었다. 또 중국에서는 비단 피륙이, 이집트, 로마, 그리스 등지에서는 파피루스 두루마리 등이 이용되었다.

이런 소재들이 중세에도 아주 사라진 것은 아니었다. 특히 금방 쓰고 버릴 문서들은 그런 데 씌어지곤 했다. 그 좋은 예가 러시아의 장터를 드나드는 상인들이 자작나무 껍질에 '스틸루스'라 불리는 끝이 뾰족한 필기구로 기록한 쪽지들이다. 학생들은 강의를 들으면서 밀랍을 칠한 목판에 필기를 했다. 반면, 오래 간직해야 할 문서들은 파피루스 두루마리나 양피지에 기록되었다.

코덱스의 출현은 서구 문화사에서 그야말로 혁명에 해당하는 사건이다. 코덱스, 즉 '사각형의 페이지들을 묶은 형태의 책'에 대해 최초로 언급한 것은 84~86년경 시인 마르티알리누스였다. 코덱스는 탁자 위에 올려놓고 글을 쓸 수 있을 뿐 아니라 원하는 곳을 찾아 읽을 수 있다는 점에서 두루마리보다 훨씬 더 편리했고, 즉각적인 성공을 거두었다.

기독교인들은 두루마리에 토라[모세의 경전]를 기록하는 유대인들과 자신들을 구분하기 위해 코덱스를 채택했다. 코덱스 형태로 된 성서에 대한 언급이 나타나기 시작한 것은 2세기 경부터이다.

글을 쓰는 수녀.

『성녀 라데공드의 생애』, 포루투나, 12세기,
푸아티에 프랑수아미테랑 시청각 자료실.

▲ 파피루스.

▶ 필경사가 두루마리에
글씨를 쓰고 있다.

『생타망의 생애와 기적』, 12세기,
발랑시엔 시립도서관.

S AMANDVS

성 아우구스티누스가 코덱스를 가리켜 보인다.

『알자스 복음서』, 12세기, 랑 시립도서관.

양피지에서 수서본으로

중세에는 글을 쓰기 위한 소재가 세 가지 있었다. 파피루스, 양피지, 종이가 그것이다. 파피루스는 흔히 고대 이집트에서 사용된 것으로만 알려져 있지만, 중세에도 사용되었다. 이집트에서 생산된 파피루스는 10세기경 아랍인들에 의해 시칠리아에 수입된 이래, 지중해 근방에서 글을 쓰기 위한 가장 중요한 소재로 쓰였다. 아랍인들이 이집트를 정복한 639년 이후로 파피루스 생산은 국가의 독점사업이 되었지만, 서구 세계에는 수출되었다. 교황청의 주요 공식문서를 관장하는 기구였던 상서국(尙書局)에서도 파피루스를 사용했다. 788년 교황 하드리아누스 1세가 샤를마뉴에게 보낸 편지는 남아 있는 중세의 파피루스 문서 가운데 가장 오래된 것이고, 마지막 것은 1051년 교황 레오 11세가 작성한 문서이다. 이 무렵에는 파피루스 대신 주로 양피지가 쓰이게 되었다.

양피지, 즉 파르슈맹(parchemin)이라는 이름은 소아시아의 페르가몬(Pergamon)이라는 도시에서 유래한다. 페르가몬 왕 에우메니오스 2세가 처음 사용한 것으로 알려진 양피지는 기원후 3~4세기에 걸쳐 기술적 발전에 힘입어 널리 전파되었고 13세기에 종이가 나타나기 전까지 글을 쓰기 위한 주된 소재로 쓰였다. 양피지를 만드는 데는 여러 가지 동물의 가죽들이 사용되었다. 염소나 양의 가죽으로 만든 양피지인 '바잔'(basane)이 가장 흔했고, 송아지

가죽으로 만든 '벨랭'(vélin)이 가장 고급이었다. 중세에는 양피지를 만드는 공방이 따로 있었는데, 이런 공방들은 도시 한복판이나 수도원 근처에 자리 잡았다. 가죽을 손질하려면 여러 주에 걸친 아주 꼼꼼한 작업이 필요했다.

가죽은 24장 또는 36장씩 다발로 묶어 팔았다. 한 장의 가죽을 둘로 접느냐 넷으로 접느냐에 따라 양피지 크기도 달라졌는데, 가장 큰 것이 4절(콰르토), 가장 작은 것이 8절(옥토)이었다. 그리고 자른 양피지를 공책처럼 묶었다.

호화로운 수서본을 만들기 위해서는 양피지를 자주색이나 검정색으로 물들여 금색이나 은색으로 글씨를 쓰기도 했다. 가죽은 파피루스나 종이보다 더 견고하고 불에도 잘 타지 않는다. 장정을 하는 데 다시 쓸 수도 있고, 이미 쓴 글씨를 긁어내고 새 글씨를 쓸 수도 있다. 그렇게 해서 덧쓴 수서본을 '팔랭프세스트'(palimpseste)라 한다. 그래서 수서본에 자외선을 비추면 종종 여러 시대에 겹쳐 쓴 글씨들이 나타나기도 한다.

중세 말기에는 양피지 대신 동방에서 온 새로운 소재인 '종이'가 사용되기 시작했다. 종이는 105년경 중국에서 황제의 고위급 문관 채륜(蔡倫)에 의해 발명된 후, 비단길을 따라 서역으로 전파되었다. 그래서 750년에는 사마르칸드, 793년에는 바그다드, 900년에는 카이로, 1100년에는 모로코와 스페인에 이르렀다. 이때의 종이는 짓이긴 천 조각을 물에 푼 다음 틀에 부어 섬유질이 서로 엉기게 만든 것이었다.

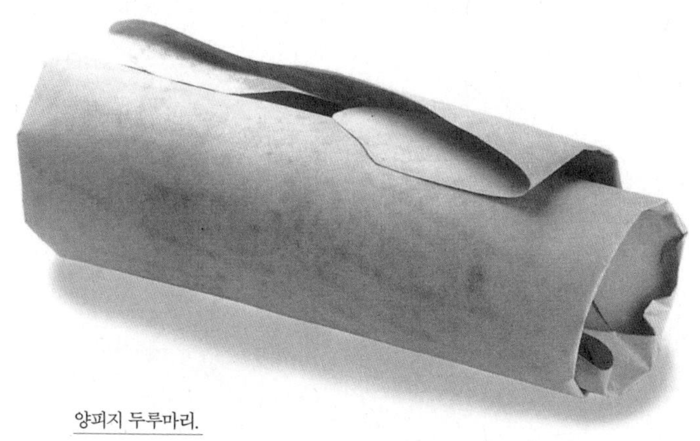

양피지 두루마리.

"짐승의 가죽을 벗긴 다음 하루쯤 개울물에 담가두었다가 털이나 그 밖의 지저분한 것들을 제거한다. 그런 후 물기를 빼고 살이 붙어 있는 안쪽이 위로 가도록 신경을 써서 차곡차곡 쌓아둔다. 그다음에는 가죽의 안쪽에 석회를 바르고 안쪽끼리 맞닿도록 반으로 접는다. 1~2주일가량 지난 후, 다시 한 번 물에 씻어서 털을 제거한다. 그런 다음 강도를 달리 한 석회액에 여러 차례 담갔다가 헹구어서 나무틀 위에 팽팽하게 펼쳐놓는다. 이 네모지거나 둥근 나무틀을 에르스(herse)라 한다. 이 상태에서 가죽의 살을 걷어내는 작업이 이루어진다. 그렇게 처리된 가죽에 백묵가루가 뿌려진다. 끝으로, 가죽을 속돌(輕石)로 긁고 양가죽으로 문질러 표면을 매끈하고 부드럽게 한다."
-『아르케올로지아』 1982년 11월호.

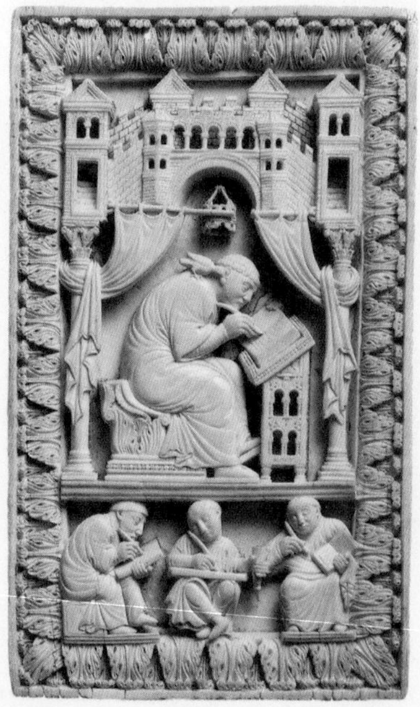

▲ 양피지 공방.

『연대기』, 플로리아노 다 비욜라, 14세기, 볼로냐 시립도서관.

▼ 집필 중인 그레고리우스와 그의 저술을 베끼는 세 명의 필경사.

그레고리우스의 어깨 위에 성령을 상징하는 비둘기가 보인다. 9세기, 빈 미술사박물관.

이베리아 반도에서는 아라곤의 왕들이 발렌시아에 제지산업을 크게 육성했고, 이탈리아인들도 13세기경에 제지업을 도입했다. 프랑스에는 제지업이 14세기에 도입되어, 특히 샹파뉴 지방의 트루아에서 번성했다.

그 사이에 기술적 발전도 이루어져 천 조각을 빻는 방아, 압착기 등이 사용되기 시작했다. 종이는 양피지만큼은 견고하고 고상하지 못한 소재로 여겨지기도 했으나 값이 싸다는 이점 때문에 곧 양피지를 대신하게 되었다. 15세기에 이미 종이는 양피지 값의 13분의 1밖에 되지 않았던 것이다.

필경사와 그의 도구들

15세기에 인쇄술이 발명되기 전까지는 필경사가 글을 쓰는 전문가였다. 그 까다롭고 오래 걸리는 작업을 해내기 위해서는 몇 가지 도구들이 필요했다. 몇몇 역사가들의 추정에 따르면, 전문 필경사라 해도 하루에 기껏해야 두세 페이지밖에는 쓰지 못했을 것이다. 필경사는 밀랍을 칠한 서판에 금속이나 뼈 또는 상아로 된 뾰족한 필봉으로 글씨 쓰는 연습을 했다. 양피지나 종이에 글씨를 쓰는 데는 세 가지 기본 도구가 사용되었다. 우선, 흑연이나 은, 주석 등으로 된 뾰족한 필봉은 가지런한 배열을 위해 줄을 치거나 초안을 잡는 데 쓰였고, 갈대는 고대 이집트에서부터 사용되어 중세 내내 사용되었으며, 그 밖에 새의 깃도 애용되었다. 오리, 까마귀,

한 필경사가 깃펜으로 글을 쓰고 있다.

『생타망의 생애와 기적』, 12세기,
발랑시엔 시립도서관.

백조, 심지어는 독수리나 펠리컨의 깃도 사용되었다고 하지만, 전문 필경사들은 단연 거위 깃을 선호했다. 특히 집거위 수놈의 왼쪽 날개의 세 번째나 네 번째 깃을 쓰는 것이 가장 좋다고 하는데, 어디까지나 희망사항이었다. 거위 한 마리에서 쓸 만한 깃은 고작 열 개 정도가 나올 뿐이었고, 금방 닳아지므로 중세 말기에는 거위 깃을 구하기 힘들 때도 종종 있었다.

필경사는 이런 깃을 칼로 깎아서 썼는데, 깎는 모양에 따라 글씨 모양도 달라졌다. 끝을 수평으로 깎은 깃으로는 가로 획이 가늘고 세로획이 굵은, 대비가 뚜렷한 글씨가 써졌다. 오른쪽으로 비스듬히 깎은 깃으로는 규칙적인 글씨가 씌어졌고, 왼쪽으로 비스듬히 깎은 깃으로는 가늘고 굵은 선이 번갈아 나오는 글씨가 씌어졌다. 글씨를 쓰다가 실수를 하면 긁개로 긁어 지울 수 있었다.

글씨를 쓰는 검정 잉크는 오배자(五倍子) 같은 식물 성분에 납이나 철의 황화물을 더해 달여서 만들었다. 오징어 먹물은 중세에는 별로 사용되지 않았다. 붉은 잉크는 저작 전체나 장(章)의 표제에 썼다. 오늘날 난(欄)이나 항목을 나타내는 뤼브리크(rubrique), 즉 주서(朱書)라는 말은 라틴어로 붉은 색을 나타내는 루베르(ruber)에서 온 것으로, 이처럼 표제를 붉은 글씨로 쓰던 관행에서 생겨났다. '차례'라는 것이 아직 없던 시절에 주서는 독자들이 특정한 대목을 좀더 쉽게 찾도록 도와주었다.

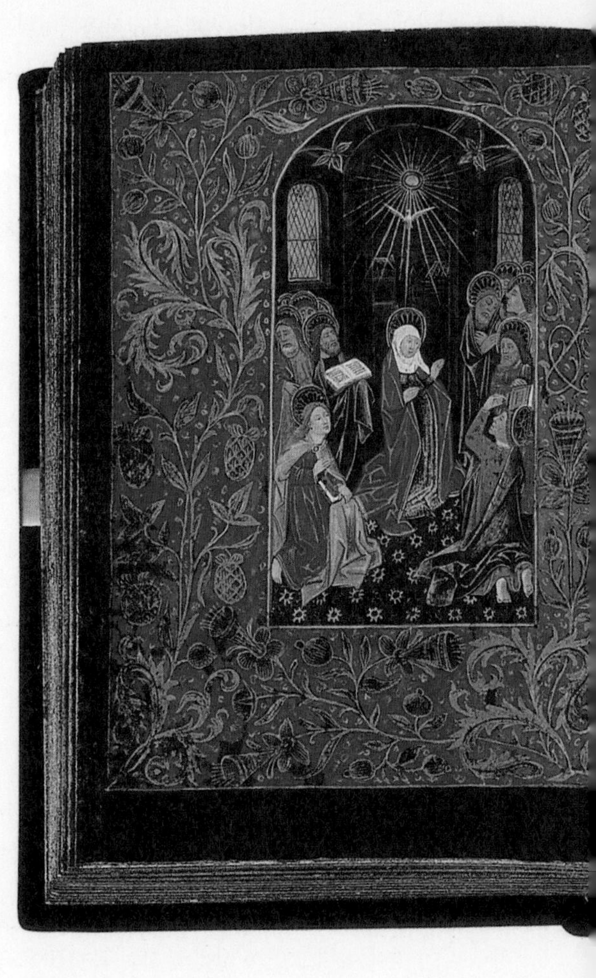

검게 물들인 양피지에 금색으로 장식한 수서본.

왼쪽 그림은 성령 강림을 묘사하고 있다.
『검은 시도서』, 15세기, 뉴욕 피어폰트 모건 도서관.

책을 만들기 위해서는, 필사할 원본과 빈 양피지를 필경사에게 맡겨야 한다. 작업 속도를 빨리 하기 위해 한 권의 책을 여러 편으로 나누어 여러 명의 필경사에게 동시에 맡길 수도 있다. 필경사들은 우선 페이지에 납으로 된 필봉으로 줄을 치는 일부터 시작한다. 그렇게 해서 가장자리 여백과 글이 들어갈 자리, 행 수, 장식문자나 삽화를 위해 비워둘 공간 등을 미리 마련해두는 것이다.

수서본의 장식

중세 수서본 중에서 삽화가 들어가는 책은 흔치 않았기 때문에 그런 책들은 더 잘 보존되었다. 삽화에는 두 가지 기능이 있었다. 우선은 장식적인 기능, 그리고 텍스트의 내용을 보완하는 교육적 기능이었다. 수서본에 들어 있는 삽화를 오늘날은 앙뤼미뉘르(enluminure) 또는 미냐튀르(miniature)라 한다. 후자는 붉은 빛깔을 내는 황화연을 가리키는 라틴어의 미니움(minium)에서 온 것으로, 중세에는 별로 쓰이지 않던 말이다. 중세의 수서본에 그런 붉은 물감으로 그린 그림들이 대개 작고 정교한 것이었기 때문에 '미냐튀르'라는 말은 세밀화(細密畵)를 가리키게 되었다. 중세에는 앙뤼미뉘르, 즉 '채식'이라는 말이 더 널리 쓰였다. 예컨대, 단테도 『신곡』에서 파리 공방의 명성에 대해 언급하면서 "파리에서 '앙뤼미뉘르'라 부르는 그 기술"이라고 불렀다(「연옥편」 제11곡 80행). 채식사는 먼저 필경사가 글씨를 쓰고 그림 그릴 자리를 남겨놓은 양피지를 받는다. 실제로

▲ 끝을 뾰족하게 깎은 거위 깃.

▼ 갈대 펜.

▲ ▶ 성 히에로니무스가 붉은 잉크로 머리글자를 장식하고 있다.

13세기 퐁티니 수도원에서 나온 잡다한 수서본 중 단편. 오세르 시립도서관.

▶ 포르투나가 필봉과 칼을 가지고 글을 쓰고 있다.

『성녀 라데공드의 생애』, 포르투나, 12세기, 푸아티에 프랑수아미테랑 시청각자료실.

필경 수도사의 공방

"그에게 잉크병과 깃펜, 백묵, 숫돌 두 개, 뿔 두 개, 주머니칼 하나, 양피지 긁개 두 개, 송곳, 흑연 필봉, 자, 밀랍 서판 그리고 스틸루스 하나를 주도록 하라."
-『샤르트르 수도회의 관습』에서.

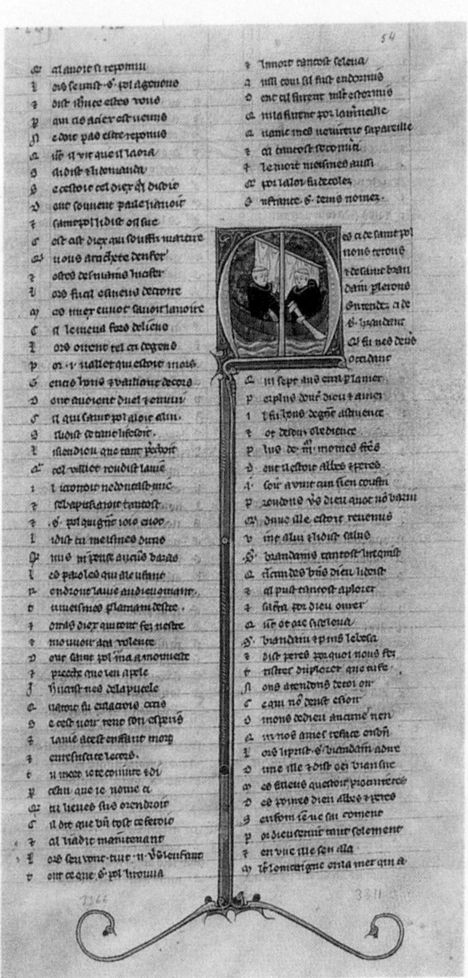

페이지를 두 단으로 짠 14세기 수서본.

렌 시립도서관.

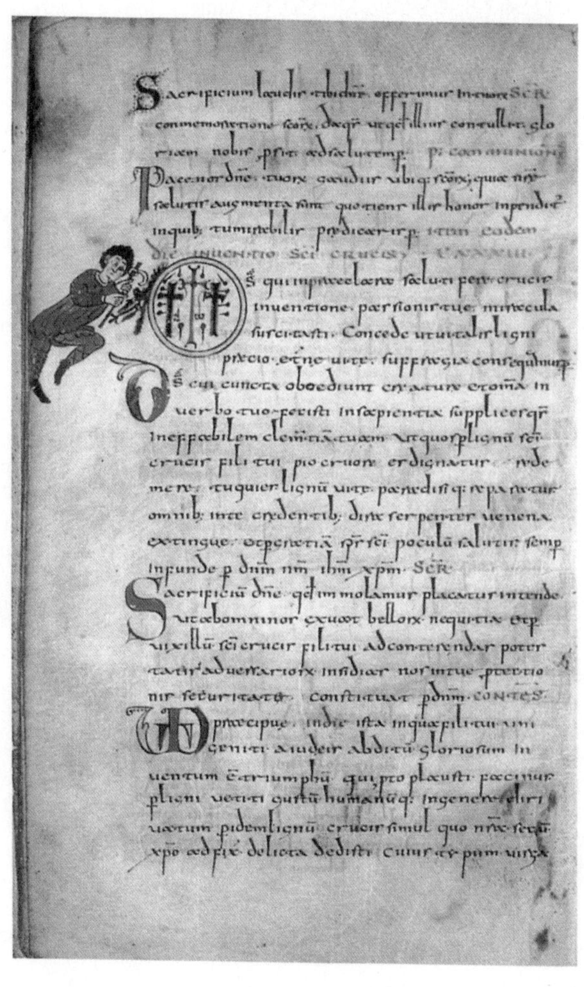

읽던 자리를 좀 더 쉽게 찾게 해주는 머리글자 장식.

『겔로네 성례전』, 9세기, 프랑스 국립도서관.

중세 필사본의 구성.

①, ② 베르소(verso)/렉토(recto). 중세 필사본은 오늘날처럼 쪽마다 번호를 매기지 않았고, 낱장의 번호를 매겼다. 양피지의 매끈한 앞면(②번)이 펼친 책에서 오른쪽 페이지이며 거친 뒷면(①번)이 왼쪽 페이지가 되었다.

③ 가장자리 장식은 삽화의 한 구성요소로서, 담쟁이 넝쿨이나 포도나무 넝쿨 등이 전설 속의 인물들과 함께 아름답게 그려졌다.
④ 그림무늬로 꾸민 철자. 맨 앞에 나오는 철자는 그림으로 그려져 하나의 완성된 장면처럼 표현되었다.

⑤ 텍스트 하단의 그림 자리.
이 자리에는 간단한 장면이나 본문과는
무관한 엉뚱한 그림이 들어갔다.
⑥ 세밀화.
⑦ 이니셜. 문단의 맨 처음 등장하는 대문자는
다른 글자들과는 다른 크기와 색으로 장식되었다.
⑧ 글자를 장식한 식물. 대개 파란색과
붉은색 잉크를 사용해서 그렸다.
⑨ 텍스트 블럭
⑩ 문장이 끝나고 남은 부분은 빨간색과
파란색으로 장식되었다.

하나의 수서본을 장식하는 데는 여러 사람의 손길이 필요했다. 글자 채식사는 글자만 다루고 테두리 채식사는 테두리 장식만 맡으며, 그런 다음 삽화 채식사가 본문의 내용을 그림으로 그린다.

중세 말기의 가장 단순한 장식은 빨강과 파랑을 번갈아 칠한 바탕에 금박 문자들을 나열하는 것이었다. 그러면 장식 효과 외에도, 글자들의 나열이 가져오는 단조로움을 피하고, 읽던 자리를 더 쉽게 찾는 효과를 얻을 수 있었다. 공들인 수서본에서는 문단 맨 앞 글자를 좀 더 크게 하여 동식물 혹은 인간을 모티프로 하는 장식을 곁들이기도 했다.

이렇게 그림을 곁들인 머리글자는 종종 한 폭의 그림으로 발전했다. 로만 시대(11~12세기)에는, 동물과 인간들이 대문자의 형태에 맞추어 미술적 구성을 이룬 예도 볼 수 있다. 머리글자가 행에서 넘쳐나 페이지의 테두리를 가득 장식하기도 했다. 중세 말기인 14세기에 이르자 테두리 장식이 본격적으로 발전하기 시작했다. 테두리는 아칸더스나 꽃다발 같은 식물의 모티프, 현실의 또는 가공의 동물 모티프, 인물 모티프 등으로 채워졌다. 본문의 내용을 보여주는 삽화는 가장 마지막에 그려졌는데 페이지 전체 또는 절반을 차지하므로 매우 중요했다. 1474년 장 푸케가 삽화를 그린 『에티엔 슈발리에의 시도서(時禱書)』 같은 호화 미장본(美裝本)에서는 기증자가 성모 앞에 무릎 꿇은 장면이 페이지 양쪽에 펼쳐지기도 했다.

▲ 성 마르틴과 걸인의 모습이 그려진 이니셜 O.

15세기 미사경본, 밀라노 브라이덴세도서관.

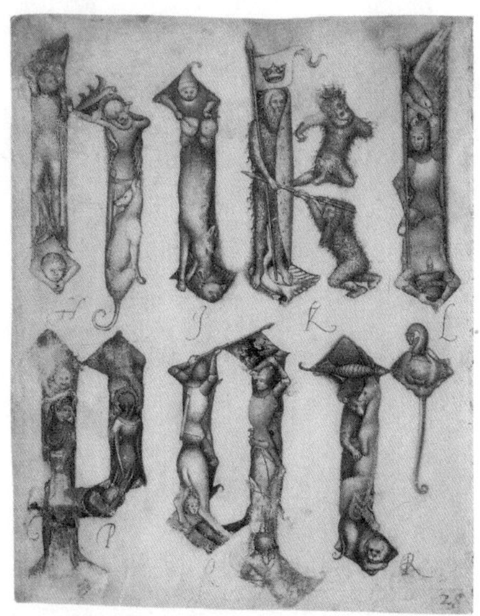

▶ 고딕 양식의 알파벳 H, J, K, L, P, Q, R.

조반니노 데 그라시의 패턴북. 그라시의 스케치북은 후기 고딕 롬바르디아 예술의 훌륭한 예로 손꼽힌다. 1438년 이전.

▲ 선지자 엘리야가 하늘로 올라가는 구약성서의 한 장면으로 장식한 이니셜 P.

12세기, 윈체스터 성당 도서관.

▶ 느부갓네살 왕이 궁에서 히브리 아이들에게 법도를 가르치는 모습으로 다니엘서의 시작을 장식한 이니셜 A.

12세기, 윈체스터 성당 도서관.

삽화는 때로 두 페이지에 걸쳐
그려지기도 했다.

『에티엔 슈발리에의 시도서』, 15세기,
장 푸케 삽화, 샹티이 콩데 박물관.

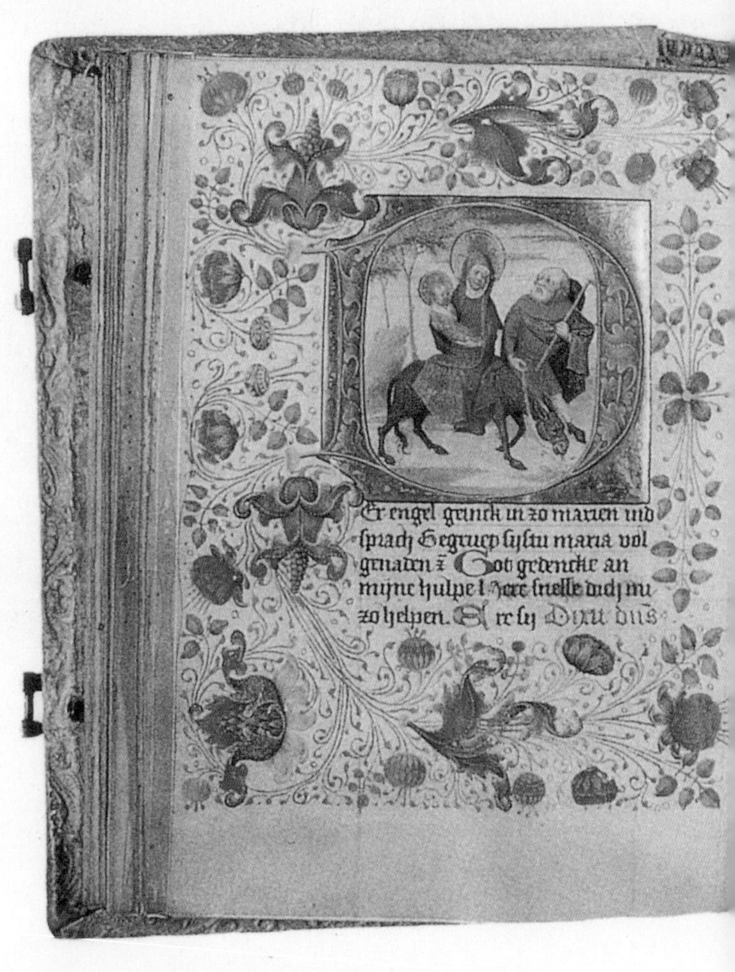

이집트로 피신하는 성가족을 묘사한 이니셜 D.

『슈테판 로흐너의 기도서』, 15세기, 다름슈타트 도서관.

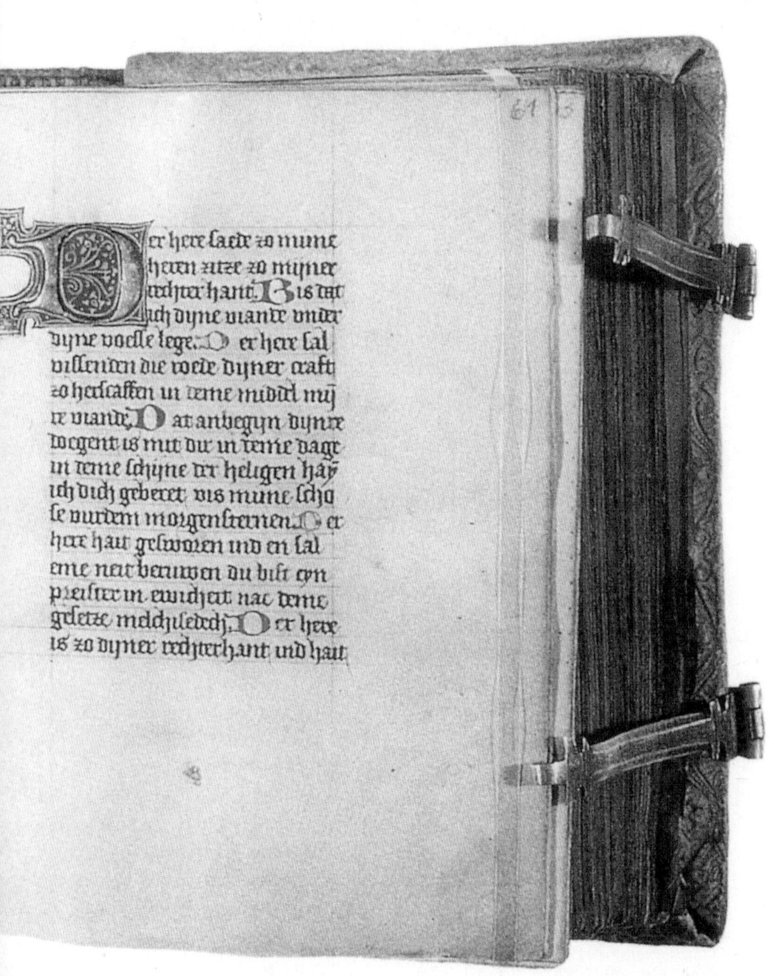

Der here saede zo mine
heren sitze zo myner
rechter hant. Bis dat
ich dyne viande under
dyne voesse lege. Der here sal
vissenden die roede dyner craft
zo herscaffen in deme middel myn
er viande. Dat anbegyn dyner
dogent is mit dir in deme dage
in deme schyne der heligen. vā
ich dich geberet vis mune scho
se vurdem morgensterne. Der
here hait gesworen und en sal
eme neit berouwen du bist eyn
priester in ewicheit nac deme
gesetze melchisedech. Der here
is zo dyner rechterhant und hait

천사의 말을 받아 적는 성 아우구스티누스.

『창세기 주해』,
성 아우구스티누스, 12세기,
아브랑슈 시립도서관.

필경사의 사명

"성스러운 율법의 말씀과 교부들의 거룩한 가르침을 적는 자들은 여기 앉을지어다. 말씀에 자신의 경박한 생각을 섞지 말지며, 손이 허투루 놀지 않게 할지어다. 면밀히 교정된 원본을 구하고, 깃펜이 바른 길을 가게 할지어다. 음보와 휴지부를 감안하여 구절의 정확한 의미를 새기고 구두점을 정확히 제사리에 찍어, 교회에서 글을 읽는 자가 믿음의 형제들 앞에서 잘못 읽거나 중간에서 막히지 않게 할지어다. 성스러운 책들을 베껴 쓰는 것은 고귀한 임무이니, 필경사에게는 상이 없지 않을 것이다. 책을 베껴 쓰는 것은 포도나무를 심는 것보다 나은 일이니, 후자는 배를 불리나 전자는 영혼을 살찌우는 일이다. 교사는 옛 책과 새로운 책을 많이 알게 할 수도 있으나 모두가 교부들의 거룩한 저작을 읽는다."
-『카르미나』, 알퀸.

수도원에서 도시의 공방으로

양피지 만드는 이들이나 필경사와 채식사들이 사용하던 기술은 오랫동안 별다른 발전이 없었지만, 수서본의 생산에는 큰 변화가 일어났다. 중세 초기 주로 수도원에서 만들어지던 수서본들이 차츰 도시로 옮겨가면서 명실상부한 책 시장이 생겨났던 것이다.

스크립토리움

5세기에 로마 제국이 붕괴한 후로부터 12세기경까지, 출판은 오랫동안 서구의 종교기관들, 특히 수도원들에서 이루어졌다. 이런 집중에는 두 가지 결과가 따랐다. 우선 책의 상업적 거래가 끊어진 것과 둘째로, 출판이 수도사들에게 맡겨지면서 비영리적 활동이 되었다는 것이다.

일찍이 베네딕투스 수도회의 창설자인 성 베네딕투스(480년경~543년)도 수도원에 책을 구비할 것을 명하고 수서본의 제작을 장려했다. 수도사들은 미사를 드리기 위해 책이 필요했고, 사순절이 시작될 때면 수도원 도서실에서 책을 빌려다 읽으며 그 말씀을 묵상할 것이 권장되기도 했다. 투르 수도원장이자 샤를마뉴 대제의 측근이었던 학자 알퀸(735년경~804년)은 필경사의 작업이 성스러운 것이라고 주장했다.

수도사들은 자신들이 읽고 싶은 책을 직접 만들어야 했다. 그래서 많은 수도원들이 수서본을 제작하는 공방인 스크립토리움(필사실)을 두고 있었다. 스크립토리움은 대개 수도원 안뜰에 면해 있고 난방이 잘 되는 방에 위치했으며, 서안(書案)과 걸상 그리고 잉크와 깃펜 등을 갖추고 있었다. 필경사들은 그곳에서 도서관을 맡은 수도사의 감독 아래 함께 일했다. 본문을 필사하는 이, 제목을 주서하는 일을 맡은 이, 채식을 맡은 이, 교정을 보는 이, 책을 묶는 이 등이 모두 협동하여 한 권의 책을 만들어내는 것이었다. 그들은 종종 다른 수도원에서 빌려온 책을 대본으로 작업했고, 단 한 권밖에 없는 책을 베끼기 위해 현장에 가야 할 때도 있었다. 필경사들은 한 권의 저작을 여러 첩(帖, pecia)으로 나눠 작업했으며, 그래서 수서본 하나에서도 여러 사람의 손길을 볼 수 있다.

11세기에 투르네에 있던 생마르탱 수도원의 스크립토리움에서는 열두 명의 필경사들이 함께 작업했다. 그들은 하루에 약 네 쪽 정도를 필사할 수 있었다. 샤르트르 수도원과 시토 수도원에서는 개별적 작업을 선호했는데, 12세기에 성 베르나르가 세운 시토 수도원에는 수도원 부속교회를 따라 필경사들을 위한 방이 여덟 개나 자리잡고 있었다.

공방의 우두머리는 필경사들이 각기 필사한 낱장들을 모아서 교정을 보고 누락된 단어를 붉은 글씨로 더하거나 잘못 쓴 말 아래 점점이 밑줄을 쳐서 표시하는 등의 마무리 작업을 했다. 그러고는 채식사들에게 책의 장식을 맡겼는데, 이들 역시 대개 수도사들이었다. 11세기 말 쥐미에주 수도원에서 일하던 노르망디 출신 수도사 위고는

『성 히에로니무스 주해』의 한 사본 말미의 판권 란에 자신의 자화상을 그려 넣었다. 그러나 로만 시대에 이르면 이미 속인(俗人) 화가들이 수서본의 장식에 참여하게 된다. 가령, 11세기 초 롬바르디아 출신의 니바르라는 화가는 유서 깊은 베네딕투스 수도원이 있던 플뢰리에 살면서 작업을 했다.

잘 갖추어진 도서관. 『트로이 이야기』, 14세기, 프랑스 국립도서관.

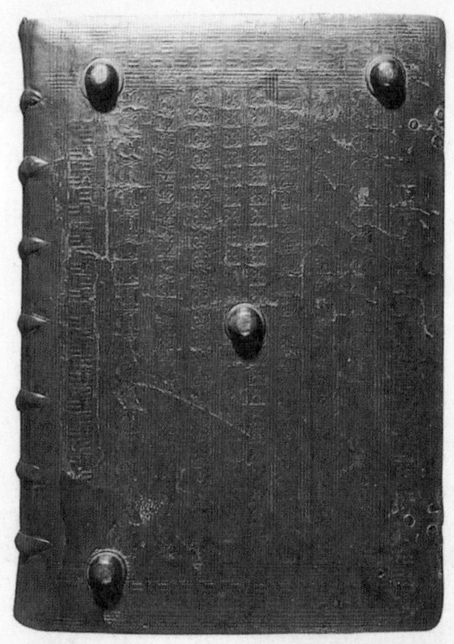

▲ 장정본의 모습.

렌 시립도서관.

▶ 네 명의 복음서 기자를 주인공으로 만든 가장자리 돋을새김 장식과 성 마가와 지기스문트 왕의 유품을 크리스탈 박스 안에 안치한 장정본.

완성된 책들은 스크립토리움이나 제의실의 궤짝 속에 간수되었다. 오늘날 남아 있는 12세기의 드문 장정본들은 목판에 가죽을 씌운 것이다. 책등에는 사본의 제목이 씌어졌고, 책등 위아래로 약간의 가죽끈이 나와 있었다. 등이 보이도록 나란히 쌓아놓은 책들을 꺼낼 때 이 끈이 사용되었다.

수도원 공방에서 제작된 최초의 수서본 중에서, 삽화가 가장 뛰어난 것은 아일랜드에서 만들어졌다. '도서(島嶼)체'로 알려진 서체로 필사되고 켈트족의 영감에서 우러난 풍부한 장식이 곁들여진 이 사본들은 대개 복음서들이며, 그 대표적인 예가 675년경 제작된 『더로우의 서(書)』이다. 8세기 중엽에 필사된 『켈즈의 서』는 아일랜드 수도원 예술의 절정으로 보여진다.

아일랜드 수도사들은 영국과 유럽 대륙의 뤽쇠유, 보비오 등지에도 수도원을 세웠고 이 수도원들에서도 스크립토리움이 번창했다. 8세기 프랑스 북부에서는 코르비의 스크립토리움에서 열두 권짜리 성서가 만들어졌는데, 최소한 일곱 명의 필경사들이 작업한 것으로 보인다. 이 수도원은 9세기 초에도 샤를마뉴의 측근인 아달라르 수도원장의 감독 아래 서책 출판의 중심지로 이름을 날렸다.

카롤링거 왕조의 르네상스 동안 황제는 대수도원들에 기본적인 서책들을 갖추어 주고자 했다. 그 때문에 성서, 교부들의 저작과 라틴어 고전들이 명확한 카롤린 서체로 필사되었다.

카롤링거 시대의 대표적 수도원들이기도 한 페리에르 수도원,

생드니 수도원, 페벨에 있던 생타망 수도원, 알퀸 수도원장이 있던 투르 수도원, 8세기 콘스탄체 호숫가에 세워진 라이헤나우 수도원, 스위스의 장크트갈렌 수도원, 작센의 코르비 수도원과 성당들, 오를레앙 수도원, 랭스 수도원 그리고 쾰른과 마인츠의 수도원들이 필사와 채식의 중심지가 되었다.

그러나 노르만 족의 침입은 수도원에까지 영향을 미쳐, 카롤링거 시대의 문예부흥은 갑작스레 끝나고 말았다. 그러나 이후 10세기에는 클뤼니 수도원이 주축이 되어 이뤄진 수도원 개혁 때문에 수도원의 스크립토리움들이 다시 번성했다. 필사 및 채식 공방들이 노르망디의 몽생미셸, 쥐미에주, 부르고뉴의 생베니뉴, 파리의 생빅토르 그리고 남불에 있던 베네딕투스 수도원들인 생세베르, 무아삭 등지에서 빛을 보았다. 12세기 초에는 시토 수도회에서 새로 생긴 수도원들을 위해 많은 사본들을 제작했다.

도시의 공방들

11세기에 들어 독서가 점차 묵독의 형태를 띠게 됨에 따라 독자와 책의 관계도 달라졌다. 11세기 후반 프랑스 북부에서는 단어들의 구두법이나 분리가 나타났다. 저자들이 전처럼 필경사에게 구술을 하는 대신 손에 펜을 들고 있는 모습으로 채식화가 그려지기 시작한 것도 같은 시기의 일이다.

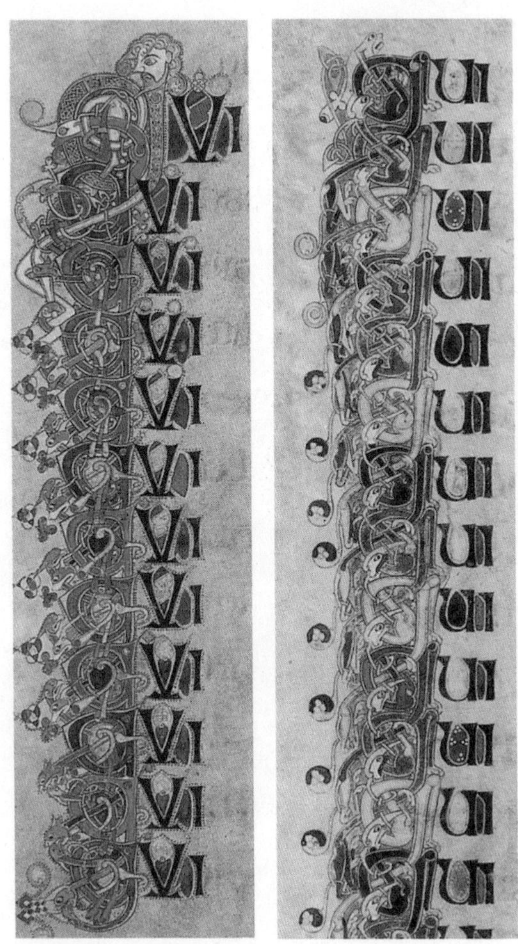

라틴어 qui를 이루는 글자들이 층층이 쌓여
얽히면서 장식 띠를 이루고 있다.

『켈즈의 서』, 800년경, 더블린 트리니티 대학도서관.

네 명의 천사에 둘러싸여 아기 예수를 안고 있는 성모 마리아.

오른쪽의 글은 마태복음의 시작 구절이다.
이는 켈트족의 예술전통과 기독교의 융합을 보여주는 인상적인 예다.
『켈즈의 서』, 800년경, 더블린 트리니티 대학도서관.

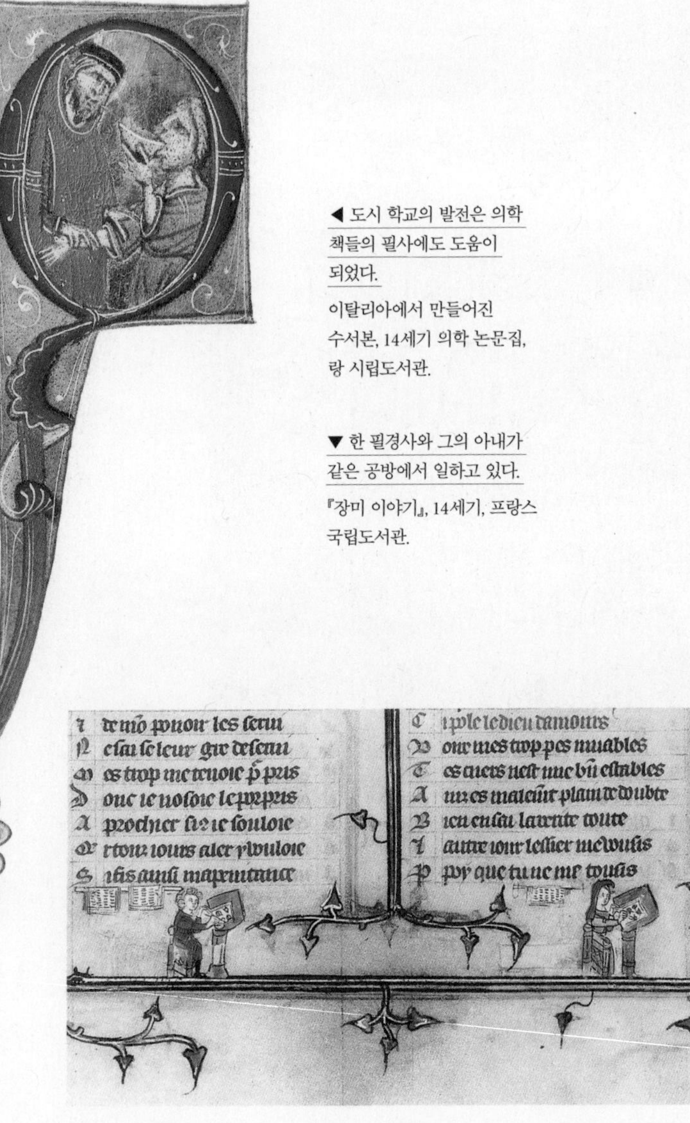

◀ 도시 학교의 발전은 의학 책들의 필사에도 도움이 되었다.

이탈리아에서 만들어진 수서본, 14세기 의학 논문집, 랑 시립도서관.

▼ 한 필경사와 그의 아내가 같은 공방에서 일하고 있다.

『장미 이야기』, 14세기, 프랑스 국립도서관.

구약 성서에 나오는 여성인 다말이 이젤 앞에서 성모 마리아와 아기 예수를 그리고 있다.

다말이 마치 채식사의 모습으로 묘사되었다.『고명한 여인들에 관하여』, 보카치오, 14세기, 파리 국립 도서관.

작은 손거울을 이용해 자신의 초상화를
그리고 있는 성녀 마르시아.

『고명한 여인들에 관하여』, 보카치오,
14세기, 파리 국립도서관.

샤를마뉴가 원했던 주교좌 학교들이 실제로 발전하기 시작한 것은 12세기에 들어 도시들이 발흥하면서부터였다. 파리에서는 노트르담 학교가 서구 전역의 학생들을 불러모았고, 학교에 다니는 이들이 많아지자 책 장사도 본격화되었다. 13세기 초에는 서적상들이 나타났다. 그들은 필경사들에게 사본을 주문 제작해서 학교들, 나중에는 대학의 많은 학생과 교사들에게 팔았다.

예를 들어, 1215년의 칙서로 인가된 파리 대학에서는 이런 사태를 받아들였다. 이후부터 서적상은 대학에 서약을 해야 했고, 교과 과정에 필요한 저작들의 사본을 제작하여 유포하는 일을 맡게 되었다. 1328년과 1342년에 대학은 스물여섯 건의 서약을 남겼다. 서적상들은 왕명으로 보호를 받아 1307년의 세금이나 1368년의 야경 임무도 면제받았다. 예컨대, 1392년 파리 재정 장부를 읽어보면 당시 프랑스 왕국의 수도에는 여덟 명의 서적상과 스물네 명의 필경사들 그리고 필경으로 보조 수입을 벌어들이는 열한 명의 필경 교사들이 있었으며, 열세 명의 채식사 그리고 잉크를 파는 여인 한 명, 열일곱 명의 제본사들이 있었다고 한다. 개중에는 영국인, 아일랜드인 등 외국인도 있고 채식사 리샤르 몽바스통의 아내 잔느 같은 여성 채식사도 있었다.

이와 같은 생산 체제는 옥스퍼드나 볼로냐 같은 유럽의 다른 대학도시들에서도 발달했다. 서적상은 서적 생산과 관련된 네 가지 직업인들—양피지 제조사, 필경사, 채식사, 제본사—을 지배했다. 그들은 파리 대학 근처 생세브랭 구역이나 시테 섬 근처 뇌브노트르담 골목에 모여 살았다.

서적상들은 많은 학생들을 필경사로 채용했는데 이들은 학업에 필요한 서적들을 얻으면서 학비를 벌기 위해 일했다. 필사 대본들을 가지고 있었던 서적상들은 주문을 받으면 필사 대본을 여러 첩으로 나누어 필경사들에게 맡겼다. 이런 체제는 필사본 제작의 기간을 단축하고 비용을 절감하는 효과가 있었다.

이러한 서적 생산의 모범은 성서였다. 성서는 아주 작은 책 한 권에 필사되었는데, 아주 고운 벨룸 지에 두 단으로 촘촘히 필사한 것이었다. 파리에서 필사된 이런 유형의 사본은 국제적인 성공을 거두어, 오늘날도 유럽 각지의 도서관들에 많은 사본이 남아 있다.

이탈리아 출신 니콜라우스 롬바르두스는 파리에서 활동한 서적상의 본보기다. 그는 1248~1277년 동안 뇌브노트르담 골목에 자리잡고서, 클레르몽 주교에게 열한 권으로 된 성서 및 주석서 전집을 팔았다. 필사 작업은 여러 명의 필경사에게 맡겨졌는데, 이들은 열여섯 쪽으로 된 두 첩 당 5수를 받고 일했다. 그래서 이 사본의 총 제작비는 70리브르라는 거액에 달했다.

이후로는 서적 시장이 도시의 전문 직업인들의 손에 맡겨졌고, 필사본 제작도 수도원을 벗어나 도시에 자리 잡게 되었다. 조합들은 고품질 제작을 확보하기 위한 규칙들을 제정했다. 14세기부터 몇몇 필경사들과 채식사들은 군주나 제후의 궁정에 들어감으로써 직업 조합에는 선서하지 않아도 되었다. 채식사이자 조각가 자크마르

드 에스댕은 1384년 베리 공작의 궁정에 들어가 두 권으로 된 『소(小)시도서』와 『대(大)시도서』의 삽화를 그렸다. 또한 베리 공작은 랭부르 형제의 후원자였던 부르고뉴 공작이 죽자, 이들을 초빙하여 중세의 가장 유명한 수서본 중 하나인 『베리 공작의 호화 시도서』를 위한 채식을 완성하게 했다

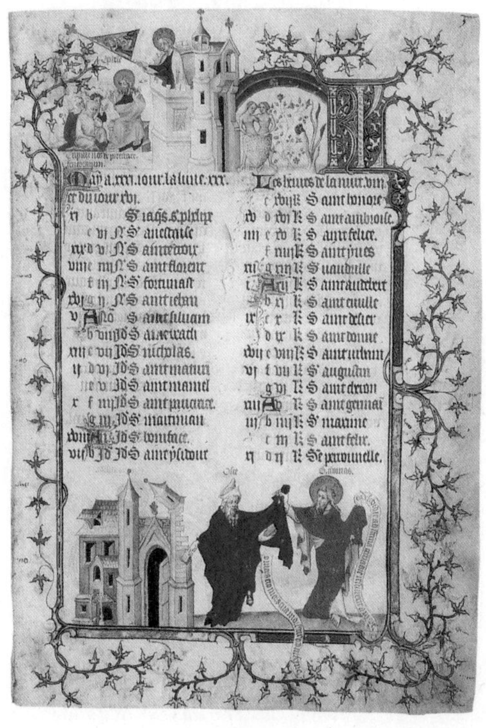

예루살렘을 우화적으로 그려 넣은 '5월'의 달력.
『베리 공작의 소(小)시도서』, 14세기, 프랑스 국립도서관.

한 교사가 자기 학생에게 약초를 들어 보이고 있다.

이탈리아에서 만들어진 수서본, 『의학논문집』, 14세기, 랑 시립도서관.

주문자가 필경사를 방문하고 있다.

15세기, 프랑스 국립도서관.

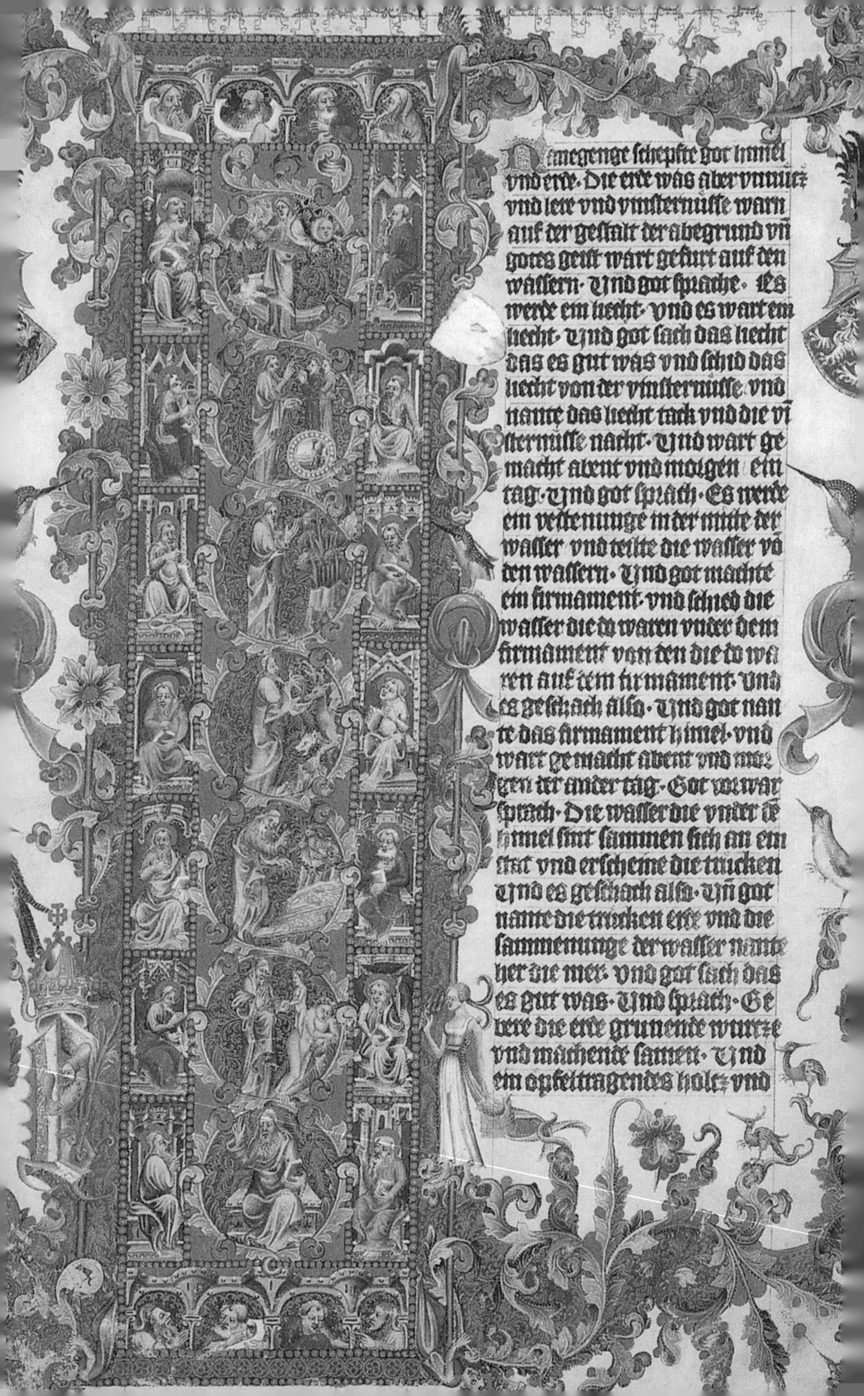
N anegenge schepfte got himel
vnd erde. Die erde was aber vnnutz-
vnd lere vnd vinsternusse warn
auf der gestalt der abegrund vn̄
gotes geist wart gefurt auf den
wassern. Vnd got sprache. Es
werde ein liecht. vnd es wart ein
liecht. Vnd got sach das liecht
das es gut was vnd schid das
liecht von der vinsternusse. vnd
nante das liecht tack vnd die vi
sternusse nacht. Vnd wart ge
macht abent vnd morgen ein
tag. Vnd got sprach. Es werde
ein vesteunge in der mitte der
wasser vnd teilte die wasser vō
den wassern. Vnd got machte
ein firmament. vnd schied die
wasser die do waren vnder dem
firmament von den die do wa
ren auf dem firmament. Vnd
es geschach also. Vnd got nan
te das firmament himel. vnd
wart gemacht abent vnd mor-
gen der ander tag. Got vorwar
sprach. Die wasser die vnder de
himel sint sammen sich an ein
stat vnd erscheine die trucken
Vnd es geschach also. Vn̄ got
nante die trucken erde vnd die
sammenunge der wasser nante
her die mer. vnd got sach das
es gut was. Vnd sprach. Ge
bere die erde grunende wurtze
vnd machende samen. Vnd
ein opfeltragendes holtz. vnd

CHAPTER 02

진귀하고 소중한 보물

창세기의 이니셜 문자.

창조주가 7일 동안 만물을 만드는
모습을 묘사하고 있다. 『빈첼 왕의 성서』,
14세기, 빈 오스트리아 국립도서관.

많은 책들이 사라졌고 파괴되었지만, 여러 공공 도서관에 간직되어 있는 수서본들은 중세 독자들이 자기 책을 얼마나 소중히 했던가를 잘 보여준다.

문명의 주인공, 책

중세 사회에서 책을 소유한다는 것은 기독교 대중을 지배하던 두 계층, 즉 성직자와 귀족만이 누릴 수 있는 특권이었다. 오랜 기간 동안 복잡한 공정으로 만들어지기 때문에 대단찮은 수서본들도 값이 상당했고, 자연히 특권층의 전유물이 되었다. 드물게 찾아 볼 수 있는 책 주문 계약서나 소유자가 종종 수서본에 남겨놓은 단서들은 그 책의 가치를 정확하게 평가하는 데 도움이 된다.

더구나, 책은 단 한 권만으로 존재하는 일이 드물다. 독서의 즐거움은 곧 장서의 구비로 이어져 개인의 장서나 공공의 도서관들이 탄생하기 시작했다. 최초의 도서관들은 역시 수도원에서 나타났지만 얼마 안 가 대학 도서관도 생겨났고, 교인이든 속인이든 개인들도 장서를 갖게 되었다. 개인 장서가들은 미장본에 대해서도 열성을 보였다. 중세에는 베리 공작을 위시한 유명한 수집가들이 호화롭게 채식된 수서본에 열을 올렸으며, 15세기에는 이탈리아와 프랑스의 초기 인문주의자들이 고대 저작의 알려지지 않은 사본을 찾아 나섰다. 책에 대한 이런 정열은 도를 넘을 때도 많아서, 책 도둑의 유혹도 강렬했다.

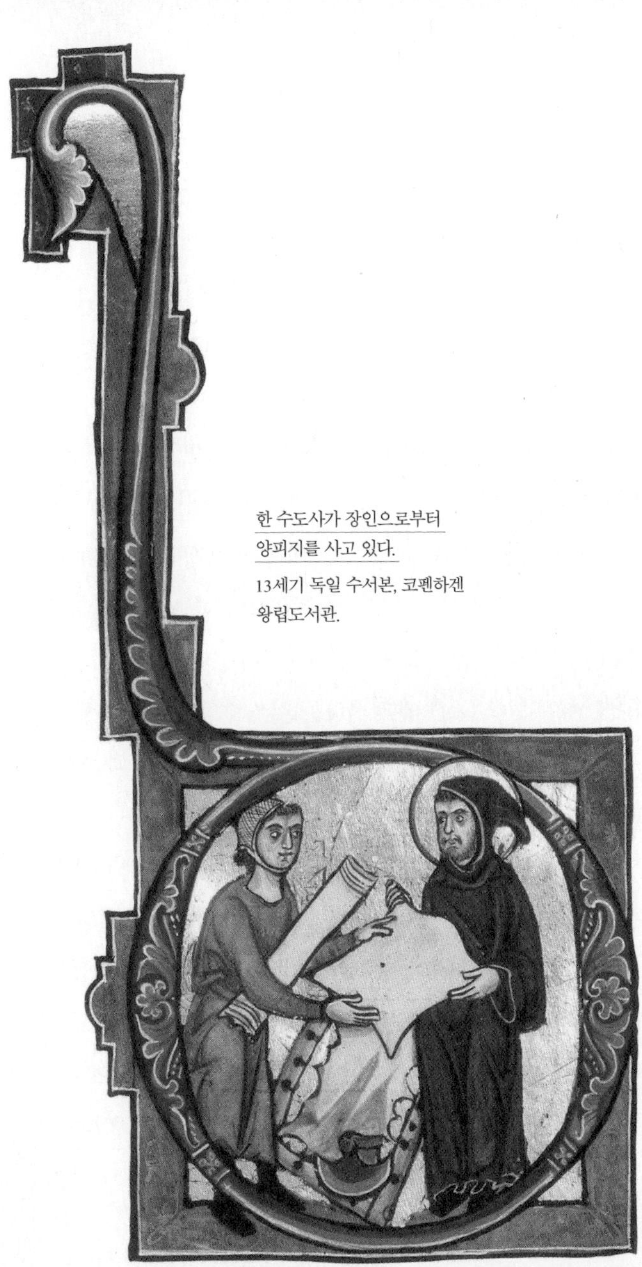

한 수도사가 장인으로부터 양피지를 사고 있다.

13세기 독일 수서본, 코펜하겐 왕립도서관.

책값

서적학의 최근 연구 결과에 따르면, 중세의 책은 채식되지 않았다 해도 매우 비싼 물건이었다. 우선 스물넉 장 내지 서른여섯 장 단위로 파는 양피지를 장당 1수 3전을 주고 사야 했는데, 이 가격은 중세 말기까지 거의 변하지 않았다. 다음으로, 필경에 드는 비용은 쪽당 9드니에 반에서 14드니에까지 오르내렸는데 필경이 힘든 일이었던 만큼 대체로 매우 비쌌다.

필경사 한 명이 하루 평균 세 쪽을 필사한다면, 200장, 즉 400쪽짜리 책 한 권을 필사하는 데에는 약 두 달 반이 걸리는 셈이다. 채식사와 제본사도 수서본 제작비를 높이게 된다. 대형판 성서를 제작하는 데는 약 20리브르가 들었으니, 이는 중세 말 보통 크기 장원(莊園)의 연간 수입에 해당하는 액수였다. 15세기의 문사(文士)에게 있어 책 한 권을 산다는 것은 수입이 상당히 좋은 편이었던 왕실 상서국 비서라 해도 열이틀 치 급료에 해당하는 지출을 의미했다.

이처럼 중세 내내 책값은 매우 비쌌고 수서본은 결코 대중적 소비재가 되지 못했다. 오히려 소중히 보관되었고 유증(遺贈)의 대상이 되었으며 도서관에 소장되었다. 몇몇 구매자들은 자신들이 지출한 액수를 책에 써두기도 했다. 13세기 첫 3분기 동안 랑그르 대성당의 부유한 참사회원이었던 페리 드 퐁타이예는 두 권으로 된 복음서를 주문하면서 그 중 한 권에 비용 명세를 밝혀두었다.

양피지에 100수(5리브르), 필경에 9리브르 5수, 페시아를 엮는 데 5수 등이다. 이 수서본은 채식이 된 것도 아니었는데, 총 15리브르나 들었던 것이다(당시 도시 가옥의 평균 가격이 100리브르 정도였다). 이 명세에서도 보듯이, 책값의 가장 큰 비중을 차지하는 것은 필경에 드는 비용이었다.

중세 말기에는 책을 제작하는 방식이 변하면서 책값도 내려갔다. 책 크기를 줄이고 양피지 대신 종이를 사용하고 장식을 정형화하고 축소하며, 제본도 수수하게 함으로써 넉넉지 못한 이들에게도 책을 보급하게 된 것이다. 그러나 새로 만든 수서본은 여전히 비쌌고, 따라서 책을 사려는 사람들의 대부분은 중고 서적으로 만족해야 했다. 1416년 베리 공작의 사망시 작성된 장서 목록을 보면, 중고 수서본의 가격이 현저히 떨어졌음을 알 수 있다. 가령, 공작이 주문 당시 지불한 가격에 비해 매각 당시 평가된 가격 사이는 54퍼센트 떨어져 있었다. 이렇게 값이 떨어진 데에는 물론 매각 당시 유난히 어려웠던 경제 상황도 작용했다. 베리 공작이 세상을 떠났을 때는 백년전쟁이 극에 달하고, 영국 왕 헨리 5세가 프랑스 영토 일부를 점령했던 무렵이었다. 당연히 구매자가 많지 않았고, 제값을 받지 못하고 양도되었을 가능성이 높다. 중고 수서본은 새 것의 절반 가격밖에 나가지 않았다.

그러므로 주문 제작이 책을 구하는 유일한 방도는 아니었다. 책을 구하려는 사람은 서적상에게 부탁하여 중고 서적을 살 수도 있었고, 보통 장사치들에게서도 책을 살 수 있었다. 이탈리아의 루카 출신 상인인 디노 라폰디는 1384년부터 부르고뉴 공작 필립르 아르디에게 사치품을 공급하는 조달책의 한 사람이 되었는데, 고향 루카를 기반으로 하는 그의 회사는 브루게, 아비뇽, 파리 등지에도 가게를 내고 있었다. 그는 공작에게 값비싼 피륙과 공예품뿐아니라 그의 장서를 풍부하게 할 책들도 팔았다. 디노 라폰디가 부르고뉴 공작에게 판 책들은 호화롭게 채식된 미장본들로, 그 값은 100프랑에서 600프랑까지 나갔다.

중세의 모든 독자들이 부르고뉴 공작이나 베리 공작 같은 장서 취미를 공유했던 것은 아니다. 그들은 자신의 신분이나 조촐한 수입에 걸맞게 도서관에 드나드는 것으로 만족했다.

최초의 도서관들

중세 초기에 독서란 거의 전적으로 수도원에서 이루어지는 행위였다. 그런데 성 베네딕투스의 규율 때문에 수도사 개인이 자기 책을 소유하는 것을 허용하지 않았다. 따라서 독서욕을 충족시키려면 수도원의 도서관을 이용하는 수밖에 없었다. 성 아우구스티누스는 『기독교 교의』라는 책에서, 성서를 연구하기에 앞서 준비 작업으로 고전 작가들의 책을 연구하라고 권한 바 있다. 따라서 최초의 도서관들은 수도원에서 생겨났다. 물론 그렇다고 해서 중세의 속인들이 전혀 책을 가지지 못했다는 말은 아니지만, 이런 책은 드물었고 책을 좋아하는 속인 또한 흔치 않았다. 샤를마뉴의 사위였던 로리공 백작은 835년경에 제작한 성서의 필사본을 글랑푀유 수도원에 기증했는데, 이 사본은 오늘날 프랑스 국립도서관에 보존되어 있다. 몇십 년 후, 글랑푀유의 수도사들은 바이킹의 공습을 피해 달아나면서 이 사본을 파리 인근으로 가져갔다.

9세기가 되자 기독교 예식에서 책이 부쩍 자주 사용되었고 따라서 복음서, 성례전, 미사경본, 기도서 등 온갖 종류의 사본들이 필요하게 되었다. 중세 말에 주교가 관내 교구의 교회를 심방할 때 만드는 보고서를 보면 성소, 예배당, 형제단의 소재지 등에 수많은 책들이 있었음을 알 수 있다. 물론, 수도원, 병원, 참사회 교회, 주교좌 대성당들에도 책이 있었다. 13세기에 이르면 대학의 구성원인 교사 및 학생도 책을 갖게 된다. 대학 교재는 신학, 법학, 의학 등에 관심을 두었으며 당대 작가들이 고대 작가들과 어깨를 나란히 하게 되었다. 왕자와 제후, 기타 귀족들이 종교적·윤리적 수양에 관한 책에서부터 정치적 지식이나 소설과 시가 담긴 책들을 모으기 시작하는 것도 이 무렵의 일이다. 필립 드 메지에르는 1389년에 지어 샤를 6세에게 헌정한 알레고리 작품인 『늙은 순례자의 꿈』에서 젊은 왕에게 몇 가지 독서 지침을 주고 있다. 그 지침은 다름 아닌, 성서와 아리스토텔레스, 티투스 리비우스, 세네카의 번역 그리고 성 아우구스티누스의 『신국』을 읽되, 점성술이나 풍수지리 같은 비학(秘學)에 관한 책, 소설 따위는 절대로 피하라는 것이었다.

수도원의 도서관

서구에서 최초의 큰 도서관들은 중세 초기 수도원에서 생겨났다. 대부분의 수도원 공동체가 따랐던 성 베네딕투스의 규율은 공동체적 독서를 권했다. 공동식사는 침묵 속에서 구약 혹은 신약성서의 발췌 낭독에 귀 기울일 기회였다. 매일 아침 수도사들은 참사회실에 모여서 규율의 한 조항이 낭독되는 것을 경청했다. 그들은 경내 회랑에서 열리는 저녁 강좌에도 참석해야 했다. 수도원장이 주재하는 이런 모임에서는 종교적 주제들이 다루어졌으며, 권위 있는 글들이 낭독되어 수도사들의 신학적 지식을 풍부하게 했다. 수도원장이 수도사들 가운데서 뽑은 도서관 담당자는 제의실 궤짝에 보관된 공동체의 수서본들을 지키는 것이 일이었다. 이 사서계, 즉 '아르마리우스'가 스크립토리움의 감독일 때가 많았다. 그는 수도사들에게 사순절 동안 참회하며 읽을 책을 나눠주기도 했다.

수도(修道) 참사회원들의 공동체는 성 아우구스티누스의 규율을 따랐는데, 여기서도 독서가 권장되었다. 그들은 아침에 사서계로부터 책을 빌려서 날이 저물기 전에 돌려주었다.

성 히에로니무스의 생애를 묘사한 삽화.

『대머리왕 샤를의 성서』, 9세기, 프랑스 국립도서관.

CULTUS UBIQUE DO
TRANS LATAS VI QUAE TRANSTULIT ALMU· OLLIS HIC TRIBUIT QUIS EA CONPOSUIT

베네딕투스 수도원들과 수도 참사회원들만 수서본들을 소장할 수 있었는데, 때로는 장서 규모가 상당했다. 중세 초기의 이런 도서관들에 대해서는 거의 알려진 바가 없지만, 카롤링거 왕조의 르네상스는 이런 장서들의 증가에 상당한 영향을 미쳤던 것으로 보인다. 822년경 라이헤나우 수도원에는 약 420권의 장서가 있었고, 같은 시대 프랑스 북부의 생리키에에는 260권의 장서가 있었다고 한다. 바이킹은 수도원에서 보물을 약탈하기 위해 수많은 도서관을 쑥대밭으로 만들었다. 수서본의 수집이 재개되는 것은 10세기 말에 이르러서이다.

생리키에에서 멀지 않은 베네딕투스회 소속 생타망 수도원의 도서관에는 12세기 중엽에 221권의 장서가 있었으며, 다음 20년 동안 94권의 새로운 코덱스를 입수한 것으로 기록되어 있다. 노르망디의 페캉 수도원 도서관에는 11세기 말에 87권의 장서가 있었는데, 노르망디 공작들의 보호 덕분에 다음 세기 말에는 176권으로 늘어났다.

이후 몇 세기 동안 수서본 제작은 꾸준히 증가했다. 11세기부터 13세기 사이에는 수도원들의 필요에 부응하기 위해 수많은 저작들이 필사되었다. 이 저작들은 대부분 종교적인 것으로 성서, 교부들의 저작, 신학 서적, 성인전 등이었다. 특히 성 암브로시우스, 성 히에로니무스, 성 아우구스티누스, 성 그레고리우스 등 4대 교부의 저서들이 수도원 도서관들의 주요 서가를 차지했는데, 이 300년 동안 프랑스 북부에서 필사된 라틴어 사본의 40퍼센트가 이들의 저작이었다. 판권란과 장서표가 종종 사본의 출처를 말해준다.

이와 같은 사본의 증가는 새로운 수도원의 건립과 관련이 있다. 수도원 도서관의 증가는 베르나르 드 클레르보, 위그 드 생빅토르, 피에르 롱바르 등 새로운 저자들의 저작이 필사된 결과이기도 했다.

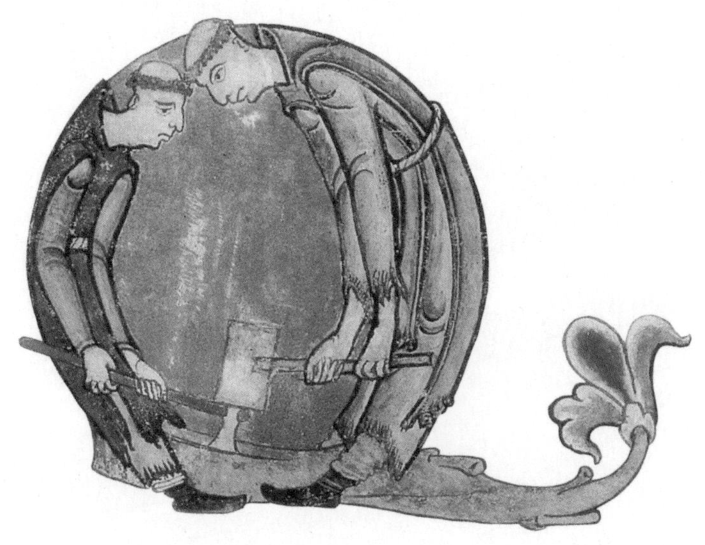

『욥기 훈화』는 가장 많은 수도원 도서관들이 갖고 있던 작품 가운데 하나였다.

『욥기 훈화』, 대(大)그레고리우스, 12세기, 디종 시립도서관.

새로운 교단 시토를 위해 필사·채식된 성서.

스티븐 하딩의 성서, 12세기, 디종 시립도서관.

ad indagganda mysteria trahimur· ueritatem
fortasse opis uacuare uideamur;

EXPL LIB·XX·
INCIPIT·XXI;
NTELLECTUS

sacri eloquii inter textum & myste
rium tanta est libratione pensandus·
ut utriusq; partis lance moderata
hunc neq; nimie discussionis pondus
deprimat; neq; rursus torpor incu
rie uacuum relinquat; Multe quip
pe eius sententie tanta allegoriarum
conceptione sunt grauide· ut quisquis
eas ad solam tenere hystoriam nititur·
earum notitia per suam incuriam priuetur;
Nonnulle uero ita exterioribus precep
tis inseruiunt· ut si quis eas subti
lius penetrare desiderat; nil quidem
inueniat· sed hoc sibi etiam quod
foris locuntur abscondat; Unde be
ne quoq; narratione historica per
significationem dicitur; Tollens iacob
uirgas populeas uirides· & amigda
linas· & ex platanis· ex parte decor
ticauit eas· detractisq; corticibus in
his que expoliata fuerant candor
apparuit; Illa uero que integra erant·
uiridia permanserunt· atq; in hunc
modum· color effectus est uarius; Ubi
& subditur; Posuitq; eas in canalibus;

나무를 베는 수도사로 형상화한 이니셜 I.

『욥기 훈화』, 12세기, 시토 수도원.

왼쪽 페이지에는 복음서 기자 마태가 접이 의자에 앉아서 커다란 코덱스에 글을 쓰고 있다.

아치형 채광창에 위치한 날개 달린 남자는 복음서 기자의 상징이다. 오른쪽 페이지에는 날개 달린 남자가 거대한 책을 펼쳐 들고 있다. 11세기, 뉘른베르크, 독일 국립도서관.

프랑스 왕국의 경우, 샤르트르나 시토 같은 새로운 교단의 창설은 사본 제작의 직접적인 요인이 되었다. 12세기 말에 이르면, 프랑스 내에 약 200개에 달하는 시토 수도원들이 생겨나는 것이다.

시토 교단의 강령은 새로운 수도원이 미사경본과 성 베네딕투스의 규율집 그리고 시토 관례집, 시편집, 집회기도집, 교송성가집, 독송집 등을 갖출 것을 명하고 있다. 이런 수도원 중에서 가장 중요한 것은 1098년에 창설된 시토 수도원, 1115년에 창설된 클레르보 수도원, 1114년에 창설된 퐁티니 수도원 등인데, 이들은 모두가 방대한 장서를 갖추고 있었다. 퐁티니 수도원 도서관의 장서 목록을 보면 12세기 말에 장서가 200권에 이르렀다. 역시 12세기 말에 클레르보의 장서는 300권, 시토 수도원의 장서는 340권에 달했다. 디종 시립도서관은 혁명기에 몰수된 12세기 시토 수도원의 113개 사본을 물려받았다.

이처럼 전례에 필요한 저작들을 입수하려는 노력은 시토 수도회에 한정되지 않았으며, 베네딕투스회에 속한 모든 수도원에 공통된 것이었다. 종교 예식을 거행하려면 최소한의 서책들이 필요했던 것이다. 각 공동체는 미사경본, 복음서, 찬송가집, 교송성가집, 순교자전 그리고 독송집을 갖추어야 했다. 노르망디 출신 연대기 작가인 오르드릭 비탈은 12세기 중엽 티에리 수도원장이 생테브룰 수도원의 공동체 생활에 필요한 책들을 갖추기 위해 기울인 노력에 대한 이야기를 남겼다. 티에리는 필사 및 기증을 통해 153권을 모으기에 이르렀다는 것이다.

13세기에는 수도원의 쇠퇴로 인해 책의 제작 및 내용에도 변화가 생겨났다. 수도원들은 책을 덜 사게 되었고, 많은 스트립토리움들이 쇠퇴하거나 사라졌다. 종교 서적들은 점차 수가 줄어드는 반면, 대학 교재나 기사도 문학에 속하는 속어 작품들의 필사가 발달했다. 수서본의 제작도 점차 도시로 옮겨갔다. 수도원 도서관들은 여전히 중요했지만, 더 이상 수도사들의 주된 관심 대상이 되지 않았다.

중세 말기에 몇몇 도서관들은 딱한 처지가 되었다. 이들 도서관에 드나들던 이탈리아와 프랑스의 인문주의자들은 그 한심한 운영 실태를 고발했다. 벤베누토 데 이몰라는 서구에서 가장 중요한 수서본 장서를 갖추고 있던 14세기 몬테 카시노 수도원 도서관의 상태를 묘사한 바 있다.

대학의 책들

12세기 서구에서 도시 학교들이 발달하고 뒤이어 13세기에는 대학들이 창설됨에 따라 새로운 대중 독자층이 생겨났다. 이들이 책을 읽는 목적은 종교적 묵상만이 아니라 자기 시대의 새로운 지식들을 알고자 하는 것이었다. 교사와 학생들은 책을 학문의 주된 도구로 여겼으며, 따라서 공부를 하기 위해서는 책이 있어야만 했다.

교사들은 학생들에게 구두로 강의를 했으나, 13세기 이후 대학은 교과과정에 일정 수의 도서를 넣어 시험을 치르기 위해서는 반드시

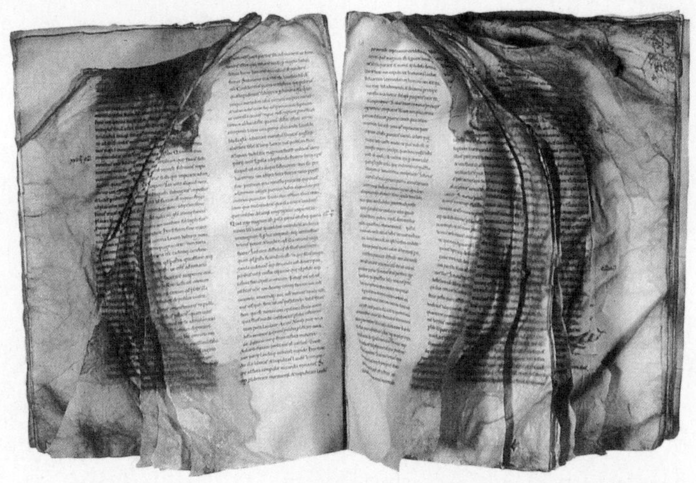

못쓰게 된 수서본.

성 아우구스티누스의 『신곡』 사본,
아브랑슈 시립도서관.

수도원 도서관의 파괴

"이 편지를 좀 더 잘 이해시키기 위해 나는 내 존경하는 스승 보카치오 데 체르탈도가 내게 들려준 유머러스한 이야기를 상기시키고자 한다. 그는 아풀리아에 갔을 때 저 명성이 자자한 몬테 카시노 수도원에 가보았다고 했다. 특히 훌륭하기로 소문난 도서관이 궁금하여 그는 한 수도사에게 부디 도서관을 보여주십사 하고 정중히 청했더니, 수도사는 높다란 계단을 가리키면서 무뚝뚝하게 대답하더라는 것이었다. "올라가 보시오. 열려 있으니." 기쁜 마음에 계단을 올라간 보카치오는 그 보물창고에 문도 자물쇠도 없는 것을 발견했다. 들어가 보니, 창틈으로는 넝쿨이 기어 들어오고, 걸상 위에는 책들이 먼지를 뒤집어 쓴 채 널려 있었다. 기가 막혀서 그는 여기저기서 책을 집어 뒤적이기 시작했고, 여러 나라 말로 된 갖가지 책들을 발견했다. 어떤 것은 서첩들이 뜯겨나갔고, 어떤 것은 가장자리가 잘려나가는 등 영 못쓰게 되어 있었다. 보카치오는 그처럼 고명한 저작들이 무뢰한들의 손에 맡겨져 있는 것을 보고는 쓰라린 마음으로 도서관을 나오며 눈물이 날 지경이었다. 수도원 안뜰로 나서던 그는 지나가던 한 수도사에게 왜 그렇게 귀한 책들이 못쓰게 되었는지 물어 보았다. 그랬더니 몇몇 수도사들이 잔돈푼이나 벌 목적으로 서첩들을 뜯어내 작은 찬송가집을 만들어 아이들에게 팔고, 책 가장자리를 오려서는 컬페이퍼를 만들어 여인네들에게 판다는 것이었다. 그런데도 학자들은 책을 쓰느라 머리를 싸매고 있으니!"

-벤베누토 데 이몰라.

읽게끔 했다. 학생들은 강의나 독서 중에 필기를 했고, 교사들은 고대 작가들을 읽으며 강의를 준비했다. 중세 지식인들은 넉넉지 못한 가운데서도 기본적인 서적들은 구비하려 애를 썼다. 어떤 이들은 그런 대로 자기만의 장서를 갖추기도 했다. 일례로, 1260년에 작고한 파리 교사 리샤르 드 푸르니발은 300권의 수서본을 갖고 있었으며, 『애서광』이라는 글 속에 그 목록을 남긴 바 있다.

그러나 대다수의 학생들은 새 책을 살 여유가 없었기 때문에 헌 책을 사거나 아니면 빌려온 책을 베끼는 것으로 만족해야 했다. 그러므로 몇몇 자선가들은 학생들을 위해 당대 학문의 정수를 접하는 데 필요한 장서를 갖추는 데 발 벗고 나섰다. 대표적인 예로, 1250년에 루이 9세의 고해사이기도 했던 로베르 드 소르봉은 파리 대학에서 신학을 공부하려는 가난한 학생들을 불러모아 콜레주를 설립하고 장서를 수집했다.

그리하여 콜레주의 장서는 1290년에 천 권 이상(정확히는 1017권)이 되었고, 1338년에는 1722권이 되어 유럽에서 가장 중요한 도서관 가운데 하나가 되었다. 이런 숫자만으로도 13세기의 서적 생산량을 짐작할 수 있다. 어떤 수도원 도서관도 그처럼 방대한 장서는 갖고 있지 않았다. 로베르 드 소르봉의 콜레주 도서관은 둘로 나뉘었는데, '리브라리아 마그나'(libraria magna), 즉 대도서관은 모든 학생들에게 개방된 공공 도서관이었다. 이곳에서는 책상에 책을 쇠사슬로 묶어놓아 누구나 열람할 수 있게 했으며, 따라서 그런

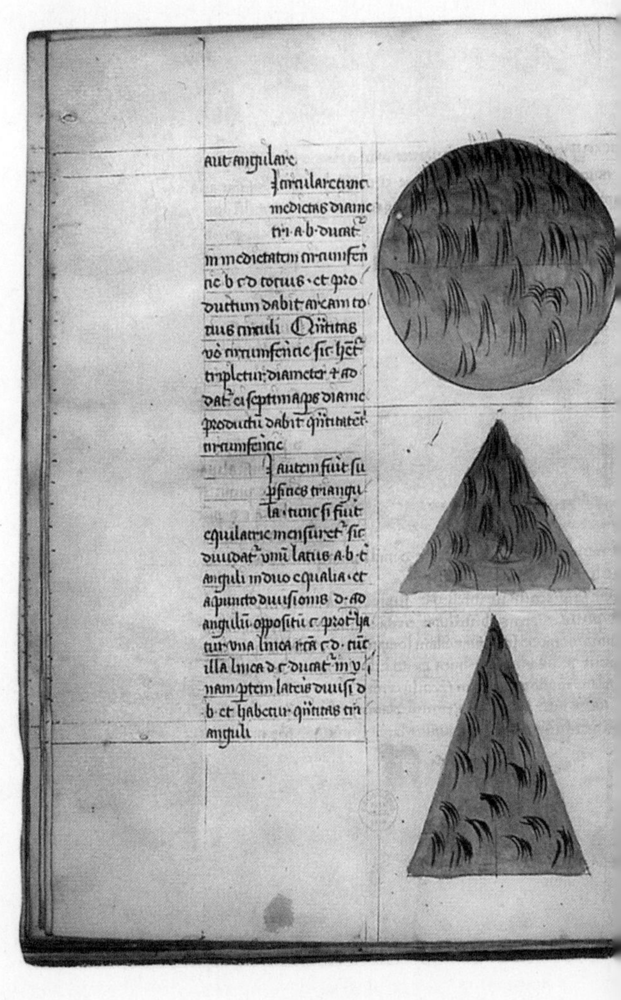

기하 도형들을 전원풍으로 나타낸 것.

『천문학 및 수학 논문집』, 리옹 시립도서관.

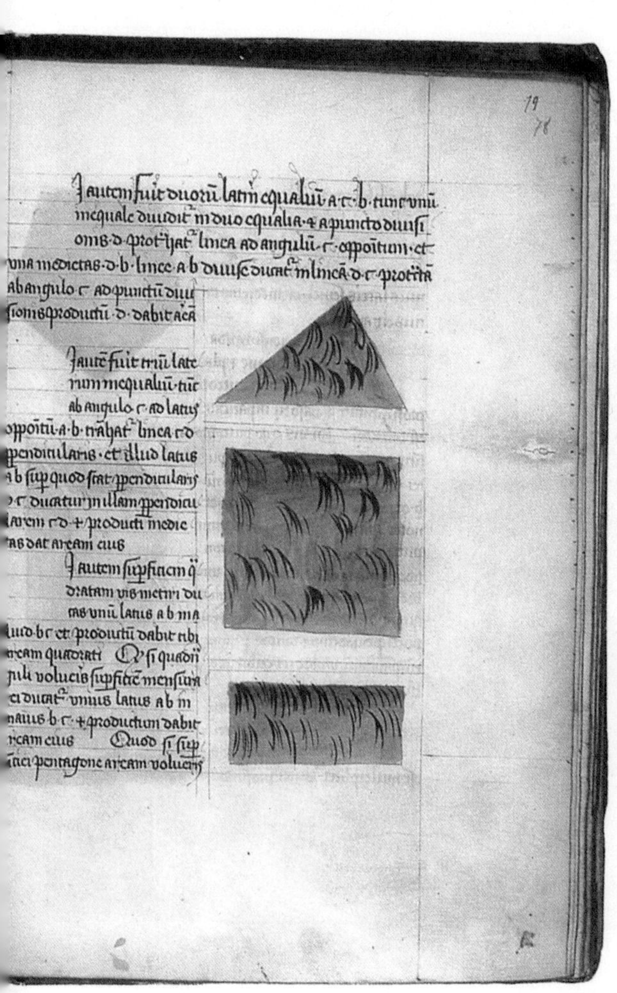

르네상스 시대의 교실 풍경.

『라틴어 문법』, 아엘리우스 도나투스,
15세기, 밀라노 트라불치아나 도서관.

책들은 그 자리에서만 볼 수 있었다. 커다란 열람실 한복판에 복도가 있고 양쪽에 책상과 걸상이 줄지어 있었으니, 이런 배치는 15세기에 피렌체의 코모 데 메디치가 세운 로렌초 도서관에서도 볼 수 있다. 콜레주 도서관 중에서 다른 하나인 '리브라리아 파르바'(libraria parva), 즉 소도서관은 대여할 수 책들을 모아두었다. 이곳의 장서는 사본이 둘 이상 있거나, 아니면 잘 읽히지 않는 텍스트들이었다. 독서 형태에도 변화가 생겨 이제 독서는 개별적이고 조용한 활동이 되었으며, 아직 그 수가 많지는 않지만 그래도 수도사보다는 늘어난 지식인들의 전문적 활동이 되었다.

영국의 애서가 리처드 드 베리는 1343~1345년 사이에 공공 도서관에 출입하는 학생들의 행동에 대해 다소 희화적이기는 하지만 놀라운 증언을 했다(85쪽 '학생 족속의 뒷모습' 참고).

교사와 학생이라는 새로운 독자들의 등장으로 인해 수서본의 형태는 좀더 소박해지고, 내용은 좀 더 다양해졌다. 13세기에는 과학, 법률, 문학 등에 관한 저작들이 양산되었다. 14세기 프랑스 북부 지방에서는 출판이 이전 세기에 비해 약 4분의 3 정도로 줄어들었는데, 이런 위기는 독자들이 흥미를 잃었거나 잠재적 고객이 줄었기 때문이 아니라 정치·경제적 위기와 더불어 인구도 줄어들고 대학도 어려운 시기를 겪어야 했기 때문이다. 다음 세기가 되어 평화가 돌아오자 수서본의 생산도 이전처럼 활발해졌다.

▶ 도난방지용으로 쇠사슬을 달아놓은 책.

포르투나투스의 『시집』 사본, 오툉 시립도서관.

◀ 훼손된 사본.

10~12세기경의 신학 논문집,
아브랑슈 시립도서관.

학생 족속의 뒷모습

대체로 학생 족속이란 아주 버릇이 없으며, 만일 상급자들의 규율로 엄히 다스리지 않는다면 이내 무지를 뻐기며 돌아다닐 것이다. 그들의 행동거리는 뻔뻔하고 오만하며 도무지 경험이라고는 없으면서도 태연자약하게도 모든 것을 판단하려 든다. 아마 당신도 보았을 것이다. 지각없는 젊은이가 흐느적대며 거닐다가 겨울 추위에 곱아든 나머지 콧물이 흐를 때면 얼른 손수건을 꺼내 닦지 않아 결국 그 수치스런 콧물을 책장에 떨어뜨리는 것을. 그 자리에 아까운 수서본 대신 구두수선공의 앞치마가 있었다면 얼마나 좋을 것인가!
손톱은 시커멓고 향수는 쉬어터진 구린내를 풍기는 손으로 맘에 드는 대목에는 자국까지 내기 일쑤이다!
게다가 자기 기억이 붙들 수 없는 것을 표시한답시고, 여기저기 수북이 지푸라기를 꽂아놓는다. 이 지푸라기들을 아무도 다시 뽑아버리는 이가 없으니, 그렇게 잔뜩 꽂힌 지푸라기가 책의 아귀를 어긋나게 하고 결국에는 썩히기 시작하는 것이다.
책을 펴놓고 과일이며 치즈를 먹거나 포도주 잔을 이리저리 옮기다가 손에 주머니가 없어서인지 음식 부스러기를 책 사이에 남겨두는 것쯤은 예사이다.
동무들과 와글와글 떠들어대는 일도 서슴지 않으니, 아무런 철학적 의미도 없는 공론을 잔뜩 늘어놓으면서 무릎에 펼쳐놓은 책 위에 침 세례를 퍼붓기 일쑤이다. 어디 그뿐이랴!
책 위에 팔꿈치를 고이고 잠시 글을 읽는가 싶으면, 다음 순간 깊은 잠에 빠져버린다. 게다가 그렇게 해서 구겨진 페이지를 펴느라 가장자리를 말아대기까지 하니 책에는 피해가 이만저만이 아니다.
그리하여 책을 읽기보다는 버려둘 때가 더 많았던 우리 학생은 자기 책에 제비꽃에 앵초, 장미며 푸른 나뭇잎들을 가득 채운다. 땀으로 축축해진 손으로 책장을 넘기는가 하면 더러운 장갑으로 새하얀 양피지를 만지고, 낡은 가죽으로 덮인 손가락으로 글줄을 따라 내려간다. 그러다가 벼룩에 물리기라도 하면 망할 놈의 책이라며 멀찍이 던져버리니 펼쳐진 채로 하염없이 먼지를 뒤집어 쓴 책은 아무리 닫으려 해도 닫히지 않는다.
특히 책을 만지는 것조차 엄금해야 할 뻔뻔스러운 젊은이들도 있다. 이들은 채식문자 쓰는 법을 배우기가 무섭게 남의 귀한 책에 낙서를 시작한다. 전에는 보기 좋은 여백이 있던 곳에 흉물스런 글자들이나 그밖에 겁 없는 펜 끝에 떠오르는 대로 휘갈긴 낙서들이 가득하다. 여기는 라틴어 학자가, 저기는 소피스트가, 또 저기는 무식한 필경사가, 제각기 펜 솜씨의 시범을 보였으니 제 아무리 귀한 수서본도 이런 낙서 때문에 가치를 상실하게 된다…….
-『미장본에 관하여』, 리처드 드 베리.

십자가에 못 박힌 그리스도.

『장 롤랭의 미사경본』, 15세기, 리옹 시립도서관.

수집가들

교회의 서재

중세의 주교나 수도원장 같은 고위 성직자들은 수도원, 도시 학교, 신학이나 법률대학 등에서 교육받았으며, 최초의 장서가들이 되었다. 프랑스에서 가장 오래된 장서가 가운데 한 사람은 바이외 주교 필립 드 아르쿠르로, 1163년 그는 노르망디의 베크 수도원에 140권의 장서를 남겼다. 이런 개인 장서는 다음 세기 동안에도 꾸준히 늘어났다. 교육받은 성직자들은 때로 유력한 후원자가 되기도 했으며, 종교 서적이든 세속 서적이든 간에 미장본의 애호가들이었다.

사제들은 임무를 수행하기 위해 특정한 책들을 필요로 했다. 이런 전례용 서적 가운데 대표적인 것이 교구에서 행해지는 전례에 맞춘 미사경본들이었다. 미사경본의 첫머리에는 대개 종교적 축일들을 표시한 달력이 실렸다. 대림절을 첫 주일로 하는 이 달력은 성탄절과 사순절, 승천절 그리고 신의 축일로 이어졌다. 이와 함께 각 미사의 대본이 실렸다. 미사경본의 주된 내용은 미사 캐논이었는데 이것은 큰 글씨로 필사되었고, 십자가에 못 박힌 그리스도나 보좌에 앉으신 그리스도를 나타낸 한두 개의 채식화로 장식되었다. 그러고는 11월 30일 안드레 성인으로 시작하는 성인들의 달력이 3월 25일의 수태고지일, 9월 29일의 성 미카엘 축일 등으로 이어졌다. 이런 달력은 라틴 기독교 세계 전체에 공통이었지만, 여기에 각 지방의 성인들이 추가되기도 했다. 미사경본의 맨 마지막에는 종종 여행자들을 위한 봉헌 미사나 기우(祈雨) 미사, 망자들을 위한 미사 등이 실렸다. 이런 사제용 전례서들은 중세 말기에 대량 제작되었으며, 오늘날도 프랑스 각지의 도서관들에 350개 이상의 사본들이 남아 있다. 교구 신부들을 위한 극히 수수한 사본으로부터 주교가 주문 제작한 호화본에 이르기까지 미사경본들은 다양한 고객들을 만족시켰다.

교회에서 책 제작을 주문하는 이들이 주로 고위 성직자들이었다는 것은 두말할 필요도 없는 일이다. 그들은 무엇보다도 질이 좋은 사본을 얻고자 했으며, 필경사나 채식사들에게 제작 기한을 지키게 했다. 1448년 3월 20일, 장 드 플라니스는 오툉 추기경이자 주교였던 장 롤랭(Jean Rolin)에게 호화로운 미사 경본에 채식화들을 그려주기로 약속했다. 채식화 한 장에 15그로, 장식문자 100개에 1에퀴를 받기로 했으며, 기한은 1450년 8월 31일이었다. 그런데 1483년 6월 22일 추기경이 세상을 떠나자, 유언집행인들은 고인의 파리 거처에 있던 책들의 목록을 만들었다. 이 자료는 중세 말 고위 성직자의 독서 취향을 엿보게 해준다. 추기경의 파리 서재에는 약 27권의 책밖에 없었지만, 그는 오툉과 본의 저택에 그밖의 책들을 가지고 있었다. 그의 장서 가운데는 호화롭게 채식된 수많은 전례서들이 있었으며, 그 중에서도 특히 『장 롤랭의 미사경본』들이 유명하여 그것을 채식한 이는 '메트르 드 장 롤랭'[장 롤랭의 명장(明匠)]이라 불린다. 이 책들은 오툉 대성당에 유증되었다. 장 롤랭은 라틴어 저작도 상당히 가지고 있었는데, 대개는 필사본이었지만 몇몇 인쇄본도 끼어 있었다. 그가 책을 고른 취향은 그의 교양과 취미를 보여준다. 특히 기독교 윤리 및 철학에 관한 저작, 역사 연대기 및 일반 대중용 의학 논저들이 많았다. 저자들은 당대의 모든 성직자 장서들에서 발견되는 흔한 이름들이다. 반면, 추기경은 15세기 말 이탈리아에 뒤이어 프랑스에서 일어난 인문주의적 문필의 발달에는 관심이 없었던 듯하다. 그의 장서는 그가 부르고뉴 공작들의 궁정에서 어깨를 나란히 했던 고위 귀족들의 장서와는 내용 면에서 상당히 달랐다.

추기경이자 주교였던 니콜라스 롤랭의 모습.
당시 성직자의 일반적인 모습을 엿볼 수 있다.

중세 초기에 성직자가 아닌 귀족의 집에서 책을 보기 어려웠던 것은 사실이지만, 그래도 귀족 기사들이 무지하고 야만적이고 교양이라고는 없었다는 19세기 역사가들의 주장에는 무리가 있다. 일찍이 샤를마뉴 시대부터도, 황제의 궁정을 드나드는 많은 귀족은 책과 독서를 좋아하는 교양 있는 남녀들이었다. 황제 자신도 틈이 날 때마다 책 읽기를 게을리 하지 않았다.

연구자들은 카롤링거 왕조의 문화적 르네상스를 재발견하게 해주었다. 이런 문예부흥은 특히 책이라는 물건으로 구체화되었으며, 스크립토리아의 부흥과 더불어 카롤린 서체라는 둥글고 읽기 편한 서체가 생겨났다. 황제가 친히 책을 주문하기도 했으니, 그 중 최초의 것은 카롤린 서체로 씌어진 『고디샬크의 복음서』이다. 이것은 샤를마뉴 황제가 781년 10월 7일 필경사 고디샬크에게 주문하여 783년 4월 30일 완성된 사본인데, 궁정용 사본답게 화려하게 채식되었다.

이에 비할 만한 것은 역시 샤를마뉴가 생리키에 수도원장인 친척 앙질베르에게 하사한 『생리키에의 복음서』로 아베빌 시립도서관에 보관되어 있다. 샤를마뉴의 아들인 경건왕 루이[루트비히] 역시 여러 수도원에 수서본들을 후하게 하사했다. 제국의 수도 엑스라샤펠에서 제작된 이런 종교적 저작들은 모두가 호화롭게 장식되었으며, 때로는 자줏빛 바탕에 금문자로 씌어지기도 했다. 고대 로마 때 쓰이다가 콘스탄티노플을 통해 전해진 이런 기법은 제국 문화를 상징하는 것이었다.

카롤링거 황제들의 본을 받아 귀족들이 책을 봉헌하는 일들이 늘어났다. 황제의 궁정을 드나드는 귀족들은 귀한 수서본을 찾아내어 수도사들에게 필사시켜서 친척이나 자기들이 후원하는 수도원들에 기증하는 일에 열을 올렸다. 프리울 공작 에브라르는 867년에 세상을 떠나면서 십여 권의 수서본을 남겼다. 시편집과 성무일과서 그리고 시도서는 귀족 가문들이 대대로 물려주는 책들에 속했다. 만일 이런 저작들이 종교 서적 및 전례용 서적이라면, 12세기 이후 세속 문학의 발전 덕분에 속인들의 장서에는 수도사나 교사, 학생들이 소유한 것과는 사뭇 다른 수서본들이 들어오게 되었다.

귀족 계층의 취미는 역사 문학이나 소설 쪽으로 기울어졌다. 이런 개명한 독자들 가운데는 샹파뉴의 백작 앙리 르 리베랄과 그의 아내 마리를 꼽을 수 있다. 이 부부는 당대의 문인들을 후원했으며, 그 중에서 가장 유명한 이가 프랑스 중세 문학을 대표하는 작가로 『수레의 기사 랑슬로』 『그라알 이야기』 등을 쓴 크레티엥 드 트루아(Chrétien de Troyes)이다.

13세기 이후 기사도 문학은 일대 선풍을 일으켰으며, 그에 따라 속어로 필사되고 풍부한 삽화가 든 사본들이 나타나게 되었다. 렌 시립도서관에는 오늘날 랑슬로 이야기의 가장 오래된 삽화본 가운데 하나가 남아 있는데, 이것은 1220년경 프랑스어로 씌어진 수서본이며 아마도 왕실의 측근을 위해 만들어졌을 것이다. 고대 소설, 아더왕

복음서 기자들.

성 마가와 성 누가의 모습. 펼쳐진 책에는 각 복음서의 첫 구절이 적혀 있으며 두 복음서 기자들은 각자를 상징하는 동물인 사자와 황소를 바라보고 있다. 『고디샬크의 복음서』, 8세기, 프랑스 국립도서관.

▲▶ 세속 문학을 대표하는 작품인
『트리스탄과 이졸데』의 장면들.

트리스탄이 죽었다는 소식을 듣고 비탄에 빠진 채 하프를 뜯고 있는 이졸데(우)와 초록색 옷을 입은 트리스탄이 적을 물리치는 장면(좌)이다. 1410년경, 베리 공작의 후원으로 제작됨, 빈 오스트리아 국립도서관.

아더왕 소설들은 귀족들에게 큰 성공을 거두었다.

『그라알 이야기』, 13세기, 렌 시립도서관.

호수의 기사 랑슬로.

13세기, 렌 시립도서관.

Moult a dur cueur qu'en may n'ayme
Quant il oyt chanter sur la rame
Aux oyseaulx les doulx chantz ioyeux
En celuy temps delicieux
Ou toute riens d'amer s'esjoye
Songear une nuyt que i'estoye
Me fut advis en mon dormant
Qu'il estoit matin proprement
De mon lit tantost me levay
Me vestis et mes mains lavay
Lors prins une esguille d'argent
D'ung aguillier mignot et gent
Et cuidant l'esguille enfiller
Hors de ville eus talent d'aller
Pour ouyr des oyseaulx les sons
Qui chantoyent par les buissons
En la dicte saison nouvelle
Cousant mes manches a videlle
Allay lors tout seul esbatant
Et les oysillons escoutant

기욤 드 로리스와 장 드 묑의 『장미 이야기』의 한 장면.

궁정 사교계를 상징하는 정원 안에서 한 청년이 장미꽃 봉오리로 상징되는 처녀에게 구애하는 과정을 꿈의 형식을 빌려 그린 작품이다. 위의 채색 삽화에서 꿈을 꾼 침대는 비어 있고, 청년이 장미꽃을 들고 서 있다. 이 작품은 300개 이상의 수서본이 전해진다. 1519년경, 뉴욕 피어폰트 모건 도서관.

소설, 샤를마뉴나 롤랑을 기리는 무훈시 등이 귀족 남녀의 장서에 들어갔다. 1230~1235년경 기욤 드 로리스(Guillaume de Lorris)가 지은 『장미 이야기』는 알레고리로 된 긴 시인데, 1268년 장 드 묑(Jean de Meung)에 의해 완성되어 속인 대중들에게 큰 인기를 끌었다. 오늘날 『장미 이야기』의 사본은 2천 개가 넘게 남아 있으니, 중세의 마지막 두 세기 동안 필사된 것들이다.

중세 말기에는 부르주아지도 부를 누리게 되면서 이런 유형의 문학에 접하게 되었다. 그러나 속어 문학이 훨씬 더 넓은 독자 대중을 만나게 된 것은 인쇄술의 발명 덕분이었다. 귀족이나 부르주아지 가문이라 해도 몇 권 되지 않는 수서본을 유산 목록에 넣을 만큼 귀하게 간직하는 것이 보통이었지만, 중세 말기에는 속인 장서가들이 등장하여 수도원이나 대학의 장서와 경쟁할 정도가 되었다.

수집가와 애서가

프랑스 왕가가 책 수집에 열을 올리게 된 것은 대단한 애서가였던 샤를 5세 때부터였다. 당시 서구의 어떤 왕실 장서도 카페 왕가의 장서에 견줄 수 없었다.

여류 작가 크리스틴 드 피장의 묘사에 따르면 샤를 5세는 현명하고 교양 있는 왕으로, 책을 대단히 좋아했다. 그는 수서본들을 대거 수집하여 루브르의 매사냥 탑에 보관하게 했다. 왕의 수서본들은 물려받거나 사들이거나 주문 제작한 것으로, 그 주제는 매우 다양하여 종교에서 정치, 역사, 윤리 등 다방면에 걸쳐 있었다. 그가 죽은 후 작성된 도서 목록은 자그마치 700여 권을 헤아렸는데, 이는 당시의 개인 장서로서는 엄청난 숫자였다. 특히 아름답게 장식된 책에 대해서는 왕의 형제들인 앙주 공작 루이 1세와 부르고뉴 공작 필립 2세 등도 열을 올렸다. 이런 인물들의 사후에 작성된 도서목록을 보면 그들의 장서가 얼마나 다양했던가를 알 수 있다.

제후들은 필경사와 채식사들에게 직접 책을 주문했지만, 때로는 파리의 서적상이나 사치품 조달을 전담하는 상인들을 통해 책을 구하기도 했다. 가령 앞에서도 잠깐 언급되었던 루카 출신 디노 라폰디는 필립 르 아르디나 장 상 푀르에게 호화롭게 장식된 사본 여덟 권을 팔았는데, 이는 귀족 고객들의 독서 취미를 보여준다. 그 내역은 성서, 중세의 유명한 성인전인 『황금 전설』, 중세의 백과사전, 영국인 바텔레미의 『사물의 속성에 관한 책』, 보카치오의 저작 『고명한 여인들에 관하여』, 헤이튼이 지은 『동방 역사의 꽃』 사본, 공상적인 동방여행기들, 『호수의 기사 랑슬로』, 티투스 리비우스

이 사본은 베리 공작의 수많은 가문(家紋)과 표장들을 과시하듯 싣고 있다.

『베리 공작의 대시도서』, 15세기.
프랑스 국립도서관.

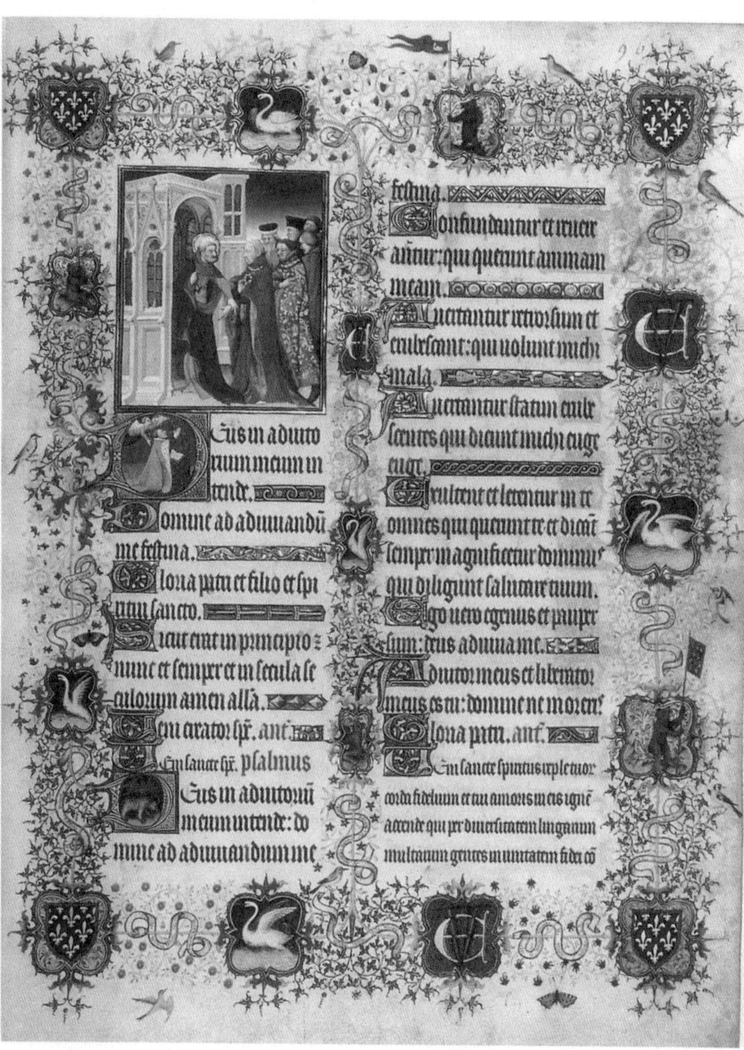

『세 명의 산 자와 세 명의 죽은 자』의 삽화.

사냥을 하다 길을 잃은 세 명의 전도유망한 젊은이들이 공동묘지에 이르러 세 명의 시체들과 만나 삶의 무상함을 깨닫게 된다는 내용이다. 두 개의 삽화가 삶의 상이한 두 국면을 단적으로 드러내고 있으면서도 그 색채가 무척 아름답다. 13세기, 뉴욕 메트로폴리탄 미술박물관.

저작의 사본 등이다. 모두 호화로운 삽화본들이었고, 값도 매우 비싸서 100~600프랑 사이였다. 조부 필립 르 아르디와 증조부인 선왕(善王) 장 2세의 장서를 물려받은 부르고뉴 공작 필립 르 봉은 많은 책을 주문 제작하여 장서를 확충했으니, 오늘날 릴에 보관되어 있는 그의 장서는 800~900권에 달한다. 전례서를 제외한 거의 모든 저작은 프랑스어로 씌어졌다. 개중에는 기사도 소설, 연대기, 신앙서적, 고전 작가들의 번역, 유명한 중세 신학 저서 등이 있다.

샤를 5세와 그의 형제들

샤를 5세(1338~1380)에게는 앙주 공작 루이(Louis d' Anjou, 1339경~1384), 베리 공작 장(Jean de Berry, 1340~1416), 부르고뉴 공작 필립(Philippe le Hardi, 1342~1404) 등 세 명의 동생이 있었는데, 네 형제 모두가 학예의 후원자여서 각기 파리, 앙제, 부르주, 디종에서 궁정 문화의 위용을 자랑했다. 샤를 5세가 죽은 후 그의 형제들은 정신이 온전치 못한 조카 샤를 6세의 섭정을 맡았는데, 샤를 6세의 동생인 오를레앙 공작 루이(Louis d'Orléans, 1371~1407)와 부르고뉴 공작 필립의 아들 장 상 퍼르(Jean Sans Peur, 1371~1419)가 서로 샤를 6세를 밀어내고 권력을 차지하려 싸우다가 둘 모두 살해된 후로, 아르마냑 파와 부르고뉴 파가 대립하게 되었다. 이후 재개된 백년전쟁에서 부르고뉴 파는 영국과 결탁하여 프랑스 왕가에 반기를 들었으며 부르고뉴 공작령은 장 상 퍼르의 후손들인 필립 르 봉(Philippe le Bon, 1396,~1467), 샤를 르 테메레르(1433~1477) 등을 거치면서 프랑스 왕국 안의 작은 왕국으로 발전했다. [곧 나오게 될 "어느 양녀의 독서 인생"의 주인공 마르그리트 도트리슈는 샤를 르 테메레르의 손녀이다.]

이런 제후들의 장서에서는 책의 내용도 중요하지만, 수서본의 외관 또한 소유주들의 부와 권력을 단적으로 보여준다. 진정한 애서가들이었던 카페 가의 왕자들은 수서본의 겉모양에도 아낌없는 정열을 쏟아 풍부한 채식을 곁들였을 뿐 아니라, 비단과 빌로드로 표지를 씌우고 금이나 은으로 잠금쇠를 더했다. 이런 여유 있는 장서가들은 대형본에 채색화가 풍부하게 든 미장본을 선호했다. 그들은 당대의 가장 뛰어난 화공들에게 채식을 맡겼으며, 이미 그 출처와 질로 이름 높은 옛 서책을 보존하는 데에도 힘썼다. 샤를 5세는 선조들 특히 성왕 루이의 것이었던 수서본들을 소중히 간직했으며, 베리 공작은 이른바 '롬바르디아 저작' 또는 '로마 저작'이라 불리는 이탈리아 수서본들을 수집했다. 이런 애서가들은 책이라는 물건 자체를 마치 보석을 아끼듯이 아꼈다. 샤를 5세의 장서목록은 뱅센 성에 보관된 한 성무일과서를 이렇게 묘사하고 있다. "대형본 성무일과서. 고귀하게 씌어지고 고귀하게 채식됨." 유언집행인들은 종종 이런 서책들의 막대한 값어치에 언급하기도 했다.

독창적인 수서본에 대한 선호는 종종 아주 작은 판형의 책도 만들어냈으니, 그런 책에 삽화를 그린다는 것은 묘기에 속했다. 중세의 가장 작은 수서본은 분명 샤를 8세의 왕비 안느 드 브르타뉴의 『아주 작은 시도서』일 것이다. 이것은 1490년경 파리에서 왕비를 위해 만들어진 가로 4.5센티미터, 세로 6센티미터의 아주 작은 책으로, 이름이 알려지지 않은 한 교사가 삽화를 그려 넣었다. 종종 수서본의

베리 공작은 프랑스 왕 샤를 5세의 동생으로 열렬한 책 수집가였다.

『루이 드 라발의 시도서』, 장 콜롱브 채식, 15세기, 프랑스 국립도서관.

금판에 온갖 보석으로 장식한 가장 화려한 책인 『코덱스 아우레우스』는 중세 사람들이 책 장정에 쏟은 정열을 여지없이 보여준다.

강한 돋을새김으로 묘사된 중앙의 그리스도는 책을 들고 있으며, 네 명의 복음서 기자들이 그리스도의 말씀을 책으로 옮기는 장면이 그 주위를 감싸고 있다. 870년, 뮌헨 바이에른 국립도서관.

형태는 저작의 내용이나 책을 받을 사람의 성격에 따르기도 했다. 가령 장 드 몽슈뉘의 『가곡집』은 1460~1476년 사이에 작곡된 프랑스 및 이탈리아 서정 가요들을 모은 책으로 오늘날 프랑스 국립도서관에 소장되어 있는데, 심장의 형태로 되어 있어 중세 말기의 가장 특이한 수서본 가운데 하나이다. 또 다른 예로, 1555년 아미엥에서 프랑스 왕 앙리 2세를 위해 제작된 사본은 왕가의 문양인 백합꽃 모양으로 되어 있다.

그러나 형태보다 내용을 더 중시한 서적 애호가들도 있었다. 이탈리아와 프랑스의 초기 인문주의자들은 수서본 수집가들이기도 했던 것이다. 그 가운데 첫손으로 꼽을 만한 인물은 단연 피렌체 출신 시인 페트라르카로, 그는 유럽 전역을 수시로 돌아다니면서 주로 라틴어 고전으로 이루어진 특이한 장서를 수집했다. 그가 죽은 후 장서는 뿔뿔이 흩어졌는데, 오늘날은 그가 남긴 글과 문학사가들의 노력 덕분에 그의 소유였던 것으로 판명된 수서본이 44권에 달한다. 매우 까다로운 수집가였던 페트라르카는 자기 시대 필경사들의 솜씨에 좀처럼 만족하지 못했으며, 한 저작에서는 14세기 필경사들의 일상적 작업이 인문주의자의 요구에 부응하지 못하는 것을 개탄하고 있다.

페트라르카의 친구였던 피렌체 사람 보카치오—『데카메론』을 위시한 그의 작품은 곧 프랑스어로 번역되어 제후들의 장서에 포함되었다—역시 고대 저작을 수집하는 일에 발벗고 나섰다. 이런 애서 정열은 피렌체 공화국 상서 콜루치오 살루타티의 비호 아래에 계속되었으니, 살루타티는 콘스탄티노플이 오스만투르크에 함락되기 전에 사절을 보내 그리스어 사본들을 수집해 오도록 했다. 필사를 거듭하는 이런 수서본들에 대한 열정 덕분에 인문주의자들의 도시에서는 그야말로 출판의 산업화가 일어났다. 서적상 베스파시아노 데 비스티치는 사본 제작을 가속화하고 계속 늘어만 가는 독자 대중의 요구에 부응하기 위해 1421~1498년 사이에 45명의 필경사를 고용했다. 인문주의자들은 고대 문화를 부흥시키기 위해 수도원의 오래된 도서관들에서 잠자고 있는 고대 사본들의 발굴에 나섰다. 주교의 비서관이자 인문주의자였던 포지오 브라치올리니는 한 통의 편지에서 자신이 1414~1417년간의 콘스탄체 공의회에 참가하게 된 것을

그리스 책들의 매력

"이제 자네는 다음과 같은 일들을 해야 하네. 우선, 마누엘(상서가 피렌체에 초대하고 싶어 하는 그리스 박학자 크리솔로라스)에게 강청하거나, 자네는 진실을 왜곡하지 않고도 그렇게 할 수 있지 않나. 그런 연후에는, 형언할 수 없을 정도인 우리의 기대와 갈증을 채우기 위해 가능한 한 빨리 돌아오게나. 어떤 역사가나 시인, 시적 우화에 관한 논저도 빠뜨리지 말게. 자네가 플라톤의 전작과 구할 수 있는 모든 어휘집을 가지고 오면 좋겠네. 옛 글을 이해하는 데 있어 어휘집은 필수적이니 말일세. 내게 플루타르코스도 한 권 구해다 주게. 플루타르코스의 모든 글을 구할 수 있는 대로. 그리고 양피지에 큰 글씨로 쓴 호메로스도. 만일 신화지를 보게 되거든, 그것도 사게나."

-『서한집』, 콜로치오 살루타티가 자코포 스카르페리아에게 1396년 3월 26일 보낸 편지.

이용하여 그 지방의 모든 수도원을 찾아다녔으며 클뤼니 수도원의 서고에서 키케로의 논술 십여 편, 콜루멜라, 암미아누스 마르첼리누스, 루크레티우스 등 전혀 잊혀져 있던 고대의 텍스트들을 찾아냈던 이야기를 하고 있다.

책도둑의 유혹

책은 귀하고 드문 물건이었던 만큼 자칫 훼손될 수 있었을 뿐 아니라 그보다 훨씬 더 흔히는 도난당할 우려가 있었다. 수도사나 학생들이 유혹을 못 이기고 수서본이나 그 몇 쪽을 몰래 훔쳐서 돈을 벌려 하는 경우는 흔히 있었다. 대학 도서관들은 도난을 방지하기 위해 책에 무거운 쇠사슬을 달았지만, 이런 조처도 언제나 충분치는 못했다. 수많은 도서관들이 제대로 관리되지 못했으니, 감독도 소홀했고 장서

애서가에 대한 비판들

저자들의 텍스트가 온전히 전수되게끔 필경사들의 무지와 게으름을 감독할 자 누구인가? 내 생각에는 이런 두려움 때문에 많은 고명한 이들이 너무 방대한 저작의 사본은 만들기를 꺼려하는 것 같다. 우리 무기력한 시대는 이런 상황으로 인해 고통당할 만도 하다. 요리에만 몰두하여 문화에는 관심이 없으며, 요리사는 가리되 필경사는 제대로 가리 않으니 말이다. 또한 양피지에 뭔가를 그리고 손으로 펜을 놀리는 것만 배워도 필경사라 불리니, 도대체 아는 것도 없고 지적인 노력도 할 줄 모르며 능숙한 기술도 가진 것이 없다.
-『모든 운의 극복에 대하여』, 페트라르카.

목록도 없었으므로 좀도둑들은 전혀 들킬 염려가 없었다. 이런 관행은 사실 오래된 것으로, 11세기 말에 저술된 한 연대기에서 이야기되는 「생위베르의 기적」에서도 그 일례를 볼 수 있다.

종종 윗사람이 나쁜 본을 보이는 경우도 있었다. 가령, 1464~1476년 동안 생드니 수도원장이었던 장 주프루아는 프랑스의 가장 풍부한 수도원 도서관 가운데 하나였던 곳을 약탈하다시피 했다. 이런 위험에 대해 취해진 조처들은 너무나 미약했다.

중세 초기에는 책 소유자의 이름과 함께 책도둑에 대한 경고문을 수서본 첫 페이지에 써두곤 했다. 13세기에 파리에 있던 생빅토르 수도원 소유였던 한 성서에는 첫 장에 이런 말이 씌어 있다. "이 책은 파리 생빅토르 소유이다. 이 책을 훔치거나 이 경고문을 숨기거나 지우는 자는 천벌을 받을지어다. 아멘. 이 장서는 프랑스 왕비이며 성왕 루이의 모후였던 블랑슈(드 카스티유)가 파리 생빅토르 교회에 기증한 것이다." 후세에는 좀더 현실적인 위협도 등장하여 "이 책을 훔치는 자는 교수형을 당할지어다"와 같은 경고문이 실리기도 하고, 분실된 사본을 되찾아주는 이에게 포상을 약속하기도 했다.

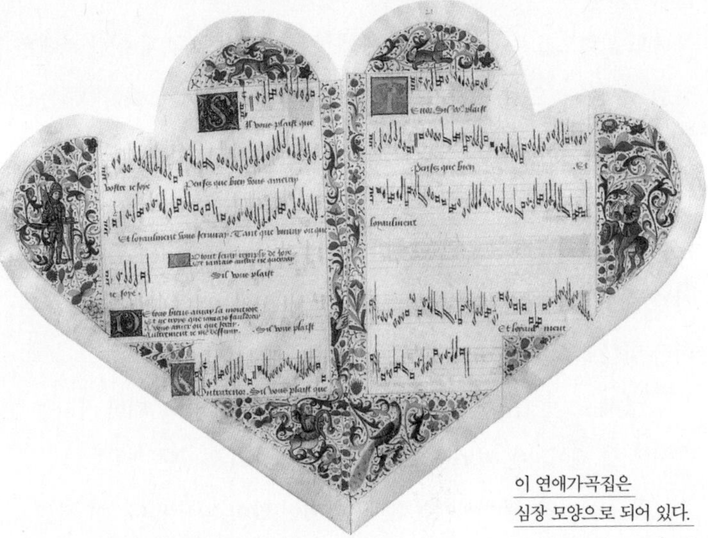

이 연애가곡집은
심장 모양으로 되어 있다.

『가곡집』, 프랑스 국립도서관.

엘리사벳을 방문한
성모 마리아.

『시도서』, 16세기,
아미엥 메트로폴 도서관.

달력의 세부. 3월.

아미엥 메트로폴 도서관.

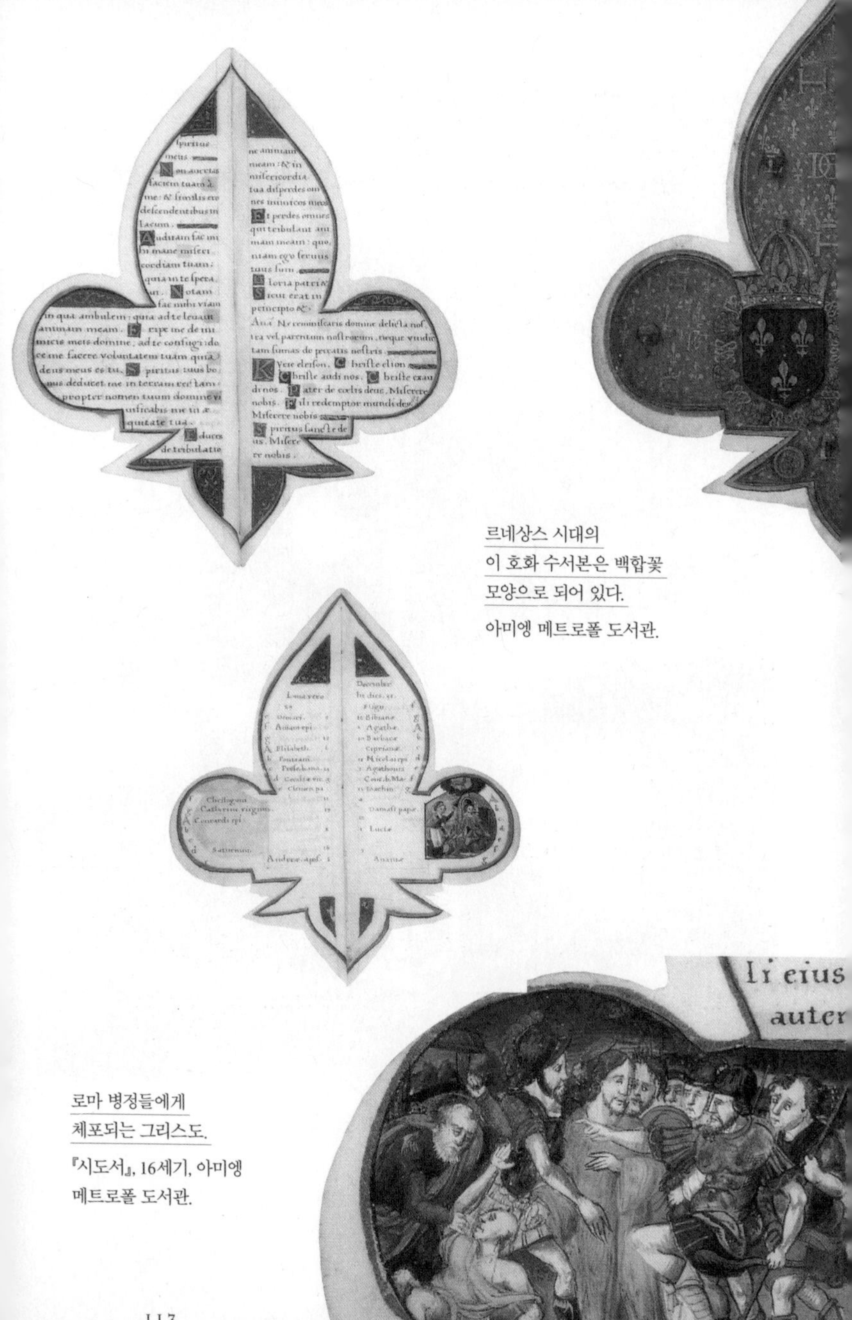

르네상스 시대의
이 호화 수서본은 백합꽃
모양으로 되어 있다.
아미앵 메트로폴 도서관.

로마 병정들에게
체포되는 그리스도.
『시도서』, 16세기, 아미앵
메트로폴 도서관.

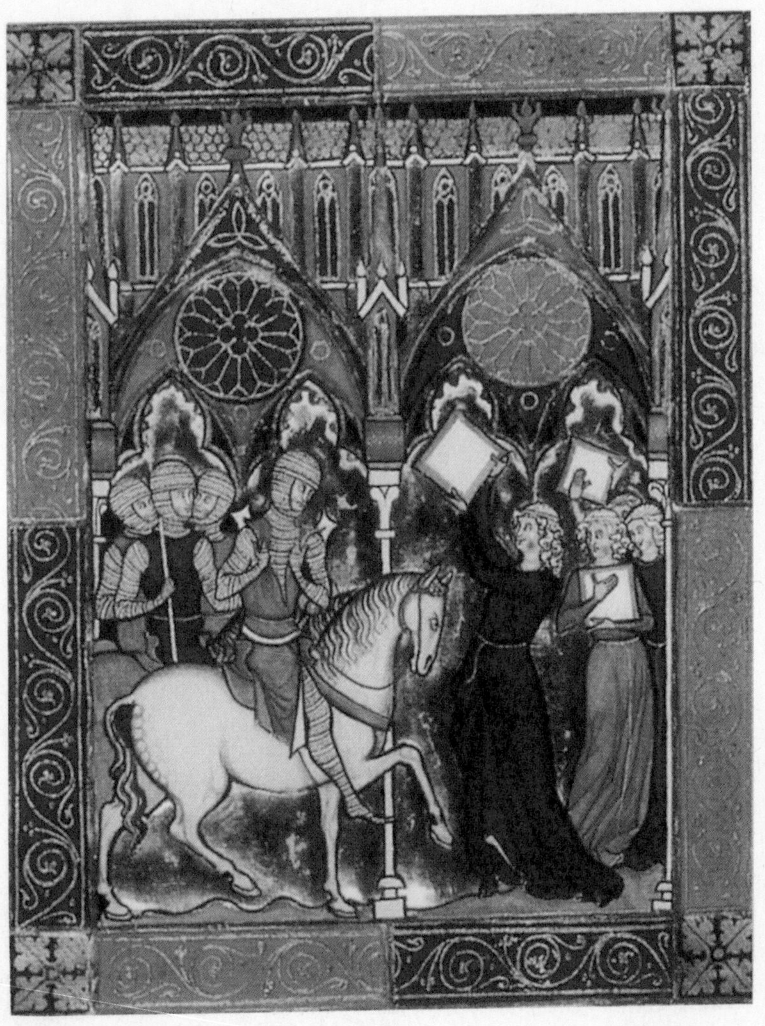

귀중한 시편집의 도난

책이 유실되거나 분실되는 일에 대해 어떻게 말할 것인가? 루이 황제의 소유였던, 금문자로 씌어지고 황제의 초상이 표지에 실린 한 시편집이, 마치 먼 지방에서라면 들킬 염려가 적으리라는 듯, 툴(Toul)에서 매각되었다. 그러나 하느님께서는 이 책을 다음과 같은 방식으로 본 교회에 돌려주셨다.
장차의 교황 레오 9세(1049~1054)의 모친이 팔려고 내놓은 이 수서본을 발견하고는, 당시 브뤼농(Brunon)이라 불리던 아들이 시편을 배울 수 있도록 사다 주었다. 그러나 그는 다른 시편집은 술술 읽고 외울 수 있었는데도 이 책은 좀처럼 제대로 읽지를 못해서 지겨워진 나머지 읽기를 포기하고 싶어했다. 사실은 장차 이 아이가 섬기게 될 성령님께서 그 책이 조금이라도 모독으로 더럽혀지는 것을 원치 않으셨기 때문에 읽기를 허락하지 않으셨던 것이다. 모친은 자기 아들이 이 시편집을 읽기 싫어하는 것을 보고는 놀랐으며, 항간에 떠도는 소문으로 그 책이 생위베르 수도원의 것이었으며 도난당한 사실이 공표되었음을 들었다. 그래서 그녀는 지체 없이 아들을 데리고 수도원을 찾아가 책을 돌려주면서, 자신의 무지에 대한 사면을 빌었다. 그녀는 사죄의 마음으로 성찬기 한 벌을 헌납했으며, 이것은 생위베르 소속인 지베(Givet) 교회에 돌아갔다.
-『생 위베르의 송가집 혹은 연대기』, 브뤼셀.

◀ 전쟁터에서 돌아온 입다가 딸과 만나는 장면(판관기 11장 참조).

『성왕 루이의 시편집』, 13세기, 프랑스 국립도서관. [입다는 이스라엘의 판관이었는데, 암몬 자손과 전쟁을 앞두고 만일 여호와께서 자신에게 승리를 주신다면 집에 돌아갈 때 누구든 맨 먼저 문 앞에 나와 영접하는 자를 번제(燔祭)로 바치겠다고 맹세했다. 그 결과 무남독녀 외딸을 제물로 바치게 되었다.]

CHAPTER

03

어떤 독자들이 어떤 책을 읽었나?

젊은 여공작 마리가 시도서를 펴놓고 묵상에 잠겨 있다.

『마리 드 부르고뉴의 시도서』, 15세기, 오스트리아 국립도서관. [이 유명한 수서본은 부르고뉴 공작 샤를 르 테메레르의 후처 마거릿 오브 요크가 샤를의 딸 마리 드 부르고뉴를 막시밀리안 황제에게 시집보내기 전에 선물한 것으로, 그림 속의 여인은 마리 아니면 마거릿일 것으로 추정된다.]

책 한 권을 소유하거나 빌리는 것, 손에 책을 드는 것, 읽어나가면서 기계적으로 책장을 넘기는 것, 우리 시대에는 대수롭지 않은 이 모든 동작들이 중세에는 극히 드물고 엄숙하며, 학문이나 재산을 많이 가진 특권층에 국한된 것이었다. 기독교는 책이라는 물건을 거의 신성한 위치에 두어 '책의 문명'을 탄생시켰다. 그리하여 독서란 비록 소수에게 국한되기는 했지만 긍정적인 함의를 지니는 행동으로 간주되었다. 여럿이 모인 데서 소리 내어 책을 읽는 수도사들부터 생각에 잠겨 책을 읽는 교사나 학생들에 이르기까지, 중세의 독자들은 여러 가지 책을 읽었고, 수도, 학문, 오락 등 책에서 구하는 것도 여러 가지였다.

집단 낭독에서 묵독으로

중세 초기에는 글을 읽을 줄 아는 이가 드물었다. 문자 교육이 확산되는 과정을 정확히 가늠하기란 불가능하지만, 중세 말의 두 세기는 몇몇 구체적인 단서를 제공한다. 영국 역사가들은 1450~1500년 사이에 영국 사람들의 10퍼센트가 글을 읽을 줄 알았다고 추정한 바 있다. 물론 여기에는 상당한 남녀 격차가 있어서 글을 깨친 여성들은 많지 않았으며, 농촌과 도시의 지역 격차도 커서 도시에서는 가난한 집 아이들도 글 읽기를 배울 수 있었다고 한다. 그래서 당시 런던에서 성인 남자의 반수 정도는 글을 읽을 줄 알았다는 것이다.

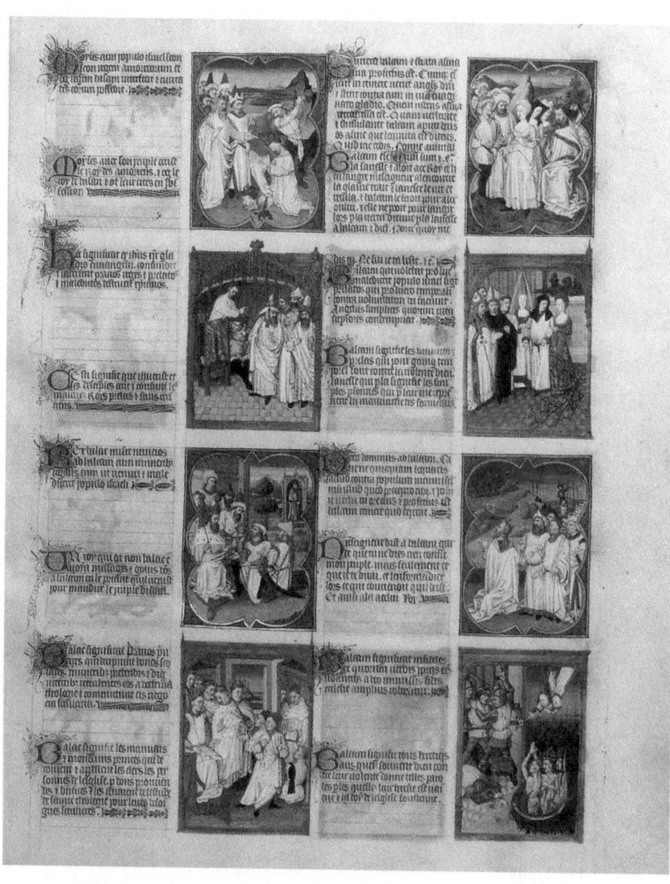

성서 본문에는 작은 삽화들이 곁들여졌다.

『해제 성서』, 15세기, 프랑스 국립도서관.
[해제 성서(Bible moralisée)란 성서의 주제들을 다층적으로 해석함으로써 구약과 신약 사이의 예표적 연관을 입증하고자 한 책인데, 그림이 큰 비중을 차지하여 사실상 도해 성경과도 같은 것으로 발전, 13~14세기 서구의 종교 교육에서 큰 역할을 했다.]

문화가 수도사들의 전유물이었던 '암흑시대'에 관한 극단적인 시각은 오래 지속되었다. 귀족이든 농부든 대다수의 문맹자들은 어떤 학식도 갖지 못하고 극히 초보적인 지식과도 담을 쌓고 살았으리라는 것이다. 그러나 이런 해석은 옳지 못하다. 그것은 집단 낭독이라는 중요한 관습을 고려하지 않은 것이다.

사실상 책을 읽는 두 가지 방식—낭독과 묵독—은 중세 내내 병행되었다. 낭독이 문맹자들을 위한 것이라면, 후자는 성직자와 학자들의 방식이었다. 수도사들은 성서에 좀더 몰두하기 위해, 혼자서 조용히 책을 읽었다. 낮은 음성으로 중얼중얼 책을 읽는 것은 종교적 명상의 일부였고 암송에도 도움이 되었다. 이런 독서는 수도원 식사 때의 성서 낭독으로 더욱 풍부해졌다. 묵독은 학교에서 행해지면서 그 목적이 달라지고 학문의 도구가 되었다. 그러나 문맹자들이라 해서 배우지 못하는 것은 아니었으니, 이들은 오늘날 간과되는 능력, 특히 기억력에 의존하여 배웠다.

교육에서도 기본적인 수단은 구술이었다. 긴느의 보두앵 백작의 예를 들어보자. 그와 동시대인이었던 연대기 작가 랑베르 다르드르가 전하는 백작의 일화는 문맹자도 간혹 자기 지식을 내보일 수 있는 이런 공동 낭독 모임의 중요성을 잘 보여준다. 랑베르에 따르면, 보두앵 백작은 프랑스 북부의 작은 영지를 다스렸는데 백작의 모든 지식은 들어서 얻은 것이었다. 그의 모국어는 플랑드르어였으나 자기 시대의 학자들이 하는 말을 알아듣기 위해 로망어도 배운 터였다.

이 교양 있는 영주는 기억력을 활용하여 견식을 넓히고 종교, 문학, 과학 등 다방면에 걸쳐 동시대인들이 주목할 만한 지식을 쌓았다. 백작이 문맹인 것을 경멸하던 교인들도 그의 학식에 감탄했다. "우리가 칭송하는 이 사람은 대체 누구인가? 그는 실로 감탄할 만한 일들을 말한다. 하지만 아무 것도 배우지 못한 그가 어찌 글을 읽을 수 있겠는가?" 랑베르 다르드르는 이 질문에 대한 답을 알려준다. "그 때문에 그는 자기 주위에 문사와 교사들을 두었으며, 세상만사에 대해 그들에게 묻고 귀를 기울였다."

긴느 백작 보두앵, 유식한 문맹자

그는 온갖 학문에 열렬히 몰두했다. 그러나 모든 것을 기억할 수는 없었으므로, 백작은 아르드르 영주가 되자 랑드리 드 바벤이라는 박학한 교사를 시켜 성서의 「아가」(雅歌)를 라틴어에서 로망어로 그리고 그 신비적 힘을 제대로 이해하고 음미하기 위해 자구적인 의미와 영적인 의미를 모두 옮기도록 했다. 그러고는 그 번역본을 자주 낭독시켜 듣곤 했다. 그는 많은 복음서 낭독을 경청했으며, 특히 주일의 복음서들과 해당하는 설교들에 귀 기울였다. 수도사들의 아버지인 앙투안 성인의 생애에 대해 알프레드라는 이가 지은 전기도, 그는 고드프루아라는 박학한 교사를 시켜 물리학 저작의 대부분을 라틴어에서 로망어로 옮기게 했다. 자연을 철학적 관점뿐 아니라 물리적 관점에서 다룬 솔리누스의 책을 그는 라틴어에서 로망어로 옮기게 했다. 이 일을 맡은 이는 시몽 드 불로뉴라는 교사로, 긴느 주민 모두가 경외하는 신부였다. 그러고는 그것을 대중에게 내보이며 설명하게 하여, 모든 사람이 그 의미를 깨닫고 그 유익을 자기 것으로 만들게 했다. 왜냐하면 그는 그 유익한 가르침을 오랫동안 기다려왔기 때문이다.
-『긴느 백작들의 역사』, 랑베르 다르드르.

12세기 중엽, 속어로 씌어진 운문소설이 나타나 영주의 궁정에서 낭송되었던 것은 귀족 계층의 독서에 대한 욕망을 잘 드러내준다. 문자 교육은 귀족 가문들에 널리 퍼져, 소년들뿐 아니라 소녀들도 글을 배우게 되었다. 13세기 산문소설의 등장은 귀족 계층에서 개별적인 묵독 형태의 독서가 발전한 것과 무관하지 않다. 음유시인들의 시가가 문자로 정착된 것도 이 시기의 일이다. 독서의 장소도 바뀌었으니 침실이나 사실, 정원 등이 수도원을 대신하게 되었다.

수도사들의 책

수도원은 중세 초기부터 12세기까지 책을 생산하고 소비하는 주된 중심지였다. 카롤링거 시대에는 대수도원들이 풍부한 장서를 지니고 있었으며, 그 상당수는 수도원 내의 스크립토리움에서 필사된 책들이었다.

오늘날 남아 있는 도서목록들을 보면 수도사들의 애독서를 알 수 있다. 수도원 장서로 구비되어야 했던 주요 서적들은 여러 권으로 된 성서, 성서 발췌에 주해가 딸린 책들 그리고 성 아우구스티누스, 밀라노의 성 암브로시우스, 대(大)그레고리우스, 성 히에로니무스, 오리게네스 등 교부들의 주요 저작이었다.

각 공동체는 성무를 제대로 수행하기 위해 최소한의 수서본들을 갖추어야 했다. 이런 필수적인 서적으로는 복음서, 성례전, 미사경본, 시편집, 교송집, 독송집, 순교자전 등이 있었다.

복음서에는 종종 복음서 기자들의
초상화가 곁들여졌다.

마르바크슈바르첸탄 복음서,
12세기, 랑 시립도서관.

복음서에는 흔히 그리스도의 생애의 장면들이 삽화로 들어갔다.

마르바크슈바르첸탄 복음서, 12세기, 랑 시립도서관.

domini par turturum aut duos pullos colum
bas. Et ecce homo erat in iherusalē cui nomen
symeon. Et homo iste iustus & timoratus. exspec
tans redemptionem isrl. & spiritus scs erat in eo.
Et responsum acceperat a spū sco non uisurum se
mortem. nisi prius uideret xpm dnī. Et uenit
in spū in templum. Et cum induceret puerum
ihm parentes eius ut facerent scdm consuetudi
nem legis pro eo & ipse accepit eum in ulnas suas &
benedixit dm & dixit. Nunc dimittis seruum tu
um domine scdm uerbum tuū in pace. quia uide
runt oculi mei salutare tuum. quod parasti ante fa
ciē omniū pplorū. Lumen ad reuelationē gentiū.
& glām plebis tue isrl. In ramis.
N. Passio dñi sčm math. In palmarum.
In illo tempr. Dixit ihesus discipu
lis suis. Scitis quia post biduum pa
scha fiet. & filius hominis tradetur ut
crucifigatur. Tunc congregati sunt
principes sacerdotum & seniores ppli.
in atrium principis sacerdotum qui
dicebatur cayphas. & consilium fece
runt ut ihm dolo tenerent & oc

수도사들이 가장 많이 필사한 책은 단연 복음서들이었으며, 여기에는 흔히 시편들이 곁들여졌다. 복음집은 복음서에서 발췌한 내용들을 엮은 것으로, 전례년의 순서에 따라 필사되었다. 수서본 맨 앞의 양면에는 캐논 목차가 실렸는데, 이것은 4세기 초에 차이자리아의 에우세비우스가 넣은 것으로, 각 복음서의 상응하는 구절들을 나타낸 것이었다. 성례전 또한 수도원 공동체의 전례 생활에 없어서는 안 될 책이었다. 거기에는 기도와 미사 캐논이 실려 있었는데, 중세 말기에는 미사경본으로 대치되었다. 성무일과서에는 성무에 필요한 텍스트 전체가 들어 있었다. 그것은 11세기 수도원 장서들 가운데서 발견되며, 전례 수서본들 가운데 가장 널리 유포되었다. 거기에는 찬송을 위해 시편집, 찬송가집, 교송집 등이 포함되며, 기본적인 낭독 교재인 독송집과 집회기도집이 포함되었다.

12세기에는 베르나르 드 클레르보, 피에르 롱바르, 피에르 코메스토르[대식가 피에르] 등 새로운 저자들의 출현 덕분에 수도원 장서들이 매우 풍부해졌다. 또한 1170년부터는 그라티아누스의 『법령집』도 프랑스에 도입되었다.

수서본의 필사, 특히 성서와 시편집의 필사는 여러 명의 수도사들이 동원되어 여러 주에 걸쳐 시행되는 집단적 사업이었다. 채식은 머리글자와 테두리 장식에 집중되었다. 전례용 수서본들은 수도원 회랑이나 제의실의 궤짝에 간수되었다.

전례와 수도사들의 훈육을 위한 이런 저작들 외에 키케로,

세네카, 베르길리우스, 호라티우스, 유베날리스 등 수사학 기술 덕분에 중세에 널리 칭송되던 이교도 작가들에 의해 씌어진 고전 텍스트들도 있었다.

클뤼니 수도원과 시토 수도원이 준수하던 성 베네딕투스의 규율에 따르면, 수도사의 일과는 일출에서 일몰까지 하루 열두 시간의 노동 및 기도로 이루어져 있었다. 그러나 잠시 책을 읽는 것도 허용되었으니, 독서는 영혼 구원에 필수적인 활동으로 여겨졌던 모양이다.

그러므로 수도원의 관행에서 독서는 의무이자 참회로 인식되었으며, 그 때문에 몇몇 수도사들의 저항도 있었음을 아래 발췌한 성 베네딕투스의 규율 일부에서 엿볼 수 있다. 클뤼니 수도사들의 사순절 독서를 열거하고 있는 11세기의 한 문서는 우리에게 수도사들이 접할 수 있었던 저작들의 다양성을 보여준다. 열거된 제목은 64가지에 이르는데, 그 중에는 성 키프리아누스, 성 아우구스티누스, 성 히에로니무스, 카시오도루스, 대(大)그레고리우스, 세비야의 이시도루스 등 교부들의 저작과 존자 비드의 편지들, 그 밖에 알퀸, 라바누스 마우루스 등 카롤링거 르네상스를 환기하는 작가들의 저작이 망라되어 있을 뿐 아니라, 그밖에도 오리게네스, 성 요한 크리소스톰 같은 그리스 작가들 그리고 놀랍게도 플라비우스 요세푸스의 『유대 민족사』와 티투스 리비우스의 『로마사』도 들어 있다.

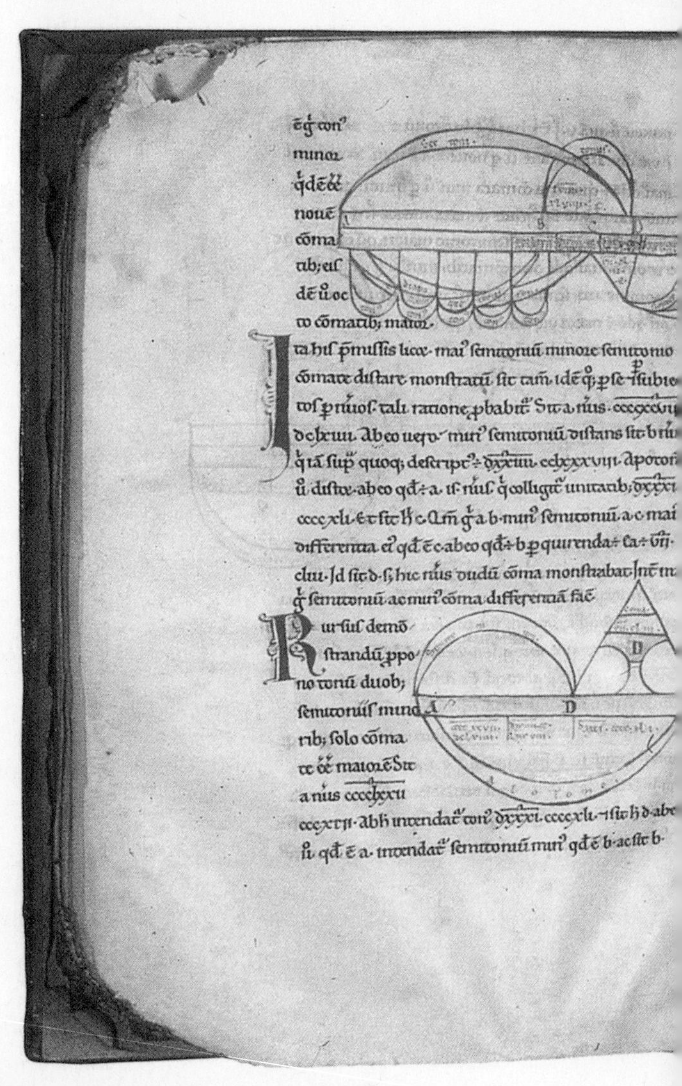

보에티우스의 음악론은 중세 내내 가장 널리 읽혀진 작품 가운데 하나이다.

『음악에 대하여』, 보에티우스, 12세기, 아브랑슈 도서관.

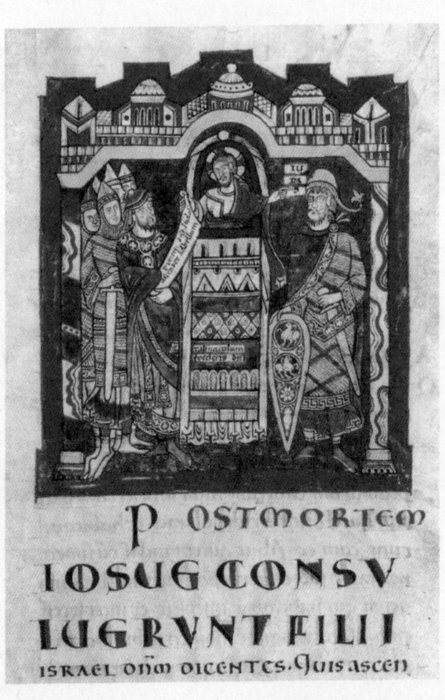

▲ 이 수서본은 로만 양식 삽화의 걸작 가운데 하나이다.

생마르시알 수도원의 성서, 11세기, 프랑스 국립도서관.

▶ 『욥기 훈화』, 대(大)그레고리우스, 12세기, 투르 시립도서관.

사제가 미사를 거행하고 있다.

15세기, 리옹 시립도서관.

작센 공작 하인리히와 아내 마틸다가 수호 성인들의 인도를 받아(그림 하단) 성모 마리아(상단)에게 나아가는 장면.

『사자대공 하인리히의 복음서』, 12세기, 뮌헨 바이에른 국립도서관.

일부 수도사들이 독서를 규율에 의해 부과된 골치 아픈 일로 여긴 것은 의심할 여지가 없는 사실이지만, 또 다른 수도사들은 책을 세계를 파악하는 유일한 수단으로 여기고 열정을 바쳤다. 그래서 몇몇 수도사들은 자신들의 앎을 더욱 풍부하게 하기 위해 희귀한 텍스트를 찾아서 수도원에서 수도원으로 전전하기도 했다. 9세기 초에 수도원장 루 드 페리에르가 카롤링거 왕조의 문사 에긴하르트에게 쓴 편지는 독서에 대한 공통된 정열을 단연 입증해준다. 루는 풀다 수도원에 머무는 동안 『샤를마뉴의 생애』로 유명한 에긴하르트의 제자이자 절친한 벗이 되었던 것이다. 학자들 간의 이런 무상의 교환은 12세기에는 학생 및 교사들의 좀더 전문적인 독서의 관행에 자리를 내주게 되었다.

성 베네딕투스의 독서관

게으름은 영혼의 적이다. 그러므로 형제들은 일정한 시간에 노동을 하거나 독서를 해야 한다. 우리는 계절에 따라 시간 배정을 할 수 있을 것이다. 부활절부터 10월까지 형제들은 아침 일찍 수도원에서 나가 제1시부터 제4시까지 필요한 모든 일을 해야 하며, 제4시부터 제6시까지는 독서를 해야 한다. 제6시 이후에는 식탁에서 일어나 침대에 누워서 완전한 침묵을 지켜야 한다. 만일 누가 책을 읽고 싶다면 다른 형제들의 휴식을 방해하지 말고 조용히 읽어야 한다. 제8시 중간쯤에 9시과(課)를 드린 후 만과(晩課) 때까지 필요한 일을 할 것이다. 사순절 첫째 주일에는 모든 형제들이 도서관에서 책을 받게 될 터인데, 지속적으로 열심히 읽어야 한다. 무엇보다도, 나이든 형제들 가운데 두 명을 지정하여 형제들이 독서를 하는 동안 수도원을 순찰하게 하는 것이 좋다. 그들은 책을 읽지 않고 잡담을 하거나 빈둥거리는 형제가 있는지 돌아볼 것이다. 이런 게으름은 자신의 열매를 키울 수 없을뿐더러 다른 형제들까지도 산만하게 만든다. 한두 번은 주의를 주되, 그래도 행실을 고치지 않는다면 규율에 정해진 대로 벌하여 다른 형제들에게 경각심을 갖게 해야 한다.

–성 베네딕투스의 규율, 제 48장.

루 드 페리에르가 에긴하르트에게 쓴 편지

저는 아주 어렸을 때부터 책을 사랑했습니다. 저는 우리 시대 사람들 대부분이 미신적이고 쓸데없는 잡기라 생각하는 것을 경멸하지 않았습니다. 교사들이 그처럼 귀하지 않았더라면, 그리고 고대 작가들에 대한 연구가 오랫동안 침체되어 아예 끊어질 정도가 되지 않았더라면, 저도 제 갈망을 만족시킬 수 있었을지도 모릅니다. 왜냐하면 정신적인 것들에 대한 숭상은 고명하신 샤를마뉴 황제 덕분에 당신 시대에 되살아나기 시작하여 이미 고개를 들고 있었으니까요. 그래서 키케로의 말이 다시금 사실에 부합하게 되었던 것이지요. "고찰이 예술을 풍부하게 하고 영광이 모든 심장을 학업을 향해 불붙게 한다."

적어도 제 소견으로는, 학문이란 그 자체로서 탐낼 만한 것이라 여겨집니다. 고매하신 알드릭 대주교님께서는 학문을 배워오라며 저를 보내주셨습니다. 저는 우연히 한 문법 교수로부터 예술의 규칙들을 배웠습니다. 오늘날 문법에서 수사학으로, 그리고 정해진 순서에 따라 다른 자유 학예로 넘어간다는 것은 농담일 뿐입니다. 그 결과, 저는 여러 작가들의 책을 조금씩 읽게 되었습니다. 그러나 우리 시대에 지어진 저작들은 키케로와 다른 모든 고전 작가들, 교부들의 전범이 되었던 작가들에게서 보게 되는 장중한 맛이 없으므로 별로 탐탁치 않았습니다. 그런데 그때 제 손에 들어오게 되었던 당신의 저작은 (감히 말씀드리오니 아첨으로 여기지 말아주시기 바랍니다) 단연 탁월한 것이었습니다. 당신께서는 무엇보다도 황제의 업적을 글로 적으셨습니다. 저는 거기에서 섬세한 사상과 전개 그리고 엄청나게 긴 문장 속에서도 뒤틀리지 않고 간명하게 표현된 문장과 명료한 판단을 발견했습니다. 그 때문에 당신의 명성은 저로 하여금 당신께 소개되고 당신과 함께 대화할 기회가 생겼으면 하는 바람을 갖게 했습니다.

저는 여기로 오게 되면서 당신과 가까워진 만큼 그 바람이 이루어지리라는 강한 희망을 갖게 되었습니다. 앞에 말씀드렸던 주교님께서 저를 존경하는 라바누스 마우루스 문하에 보내어 성서에 입문하게 하셨던 것입니다. 그러다 라바누스의 보냄을 받은 자가 이제 당신께 가게 되리라는 것을 알았고, 석명할 몇몇 용어들을 여쭙기 위해 당신께 이 편지를 올리는 것이 좋겠다고 생각했습니다. 만일 이 편지를 반갑게 맞아주신다면, 저는 바라마지 않았던 호의에 기뻐할 것입니다.

또한 더한 실례를 무릅쓰고 제가 이곳에 유하는 동안 몇 권의 책을 빌려주십사 하는 청도 드립니다. 책을 빌려달라는 것은 우정을 요구하는 것보다는 훨씬 덜 담대한 일이겠지요. 제가 빌리고자 하는 책은 키케로의 수사학 논저(사실 제게도 한 부 있습니다만, 워낙 오류가 많아서 이곳의 수서본을 보고 제 사본을 보완하려 합니다. 이곳 사본이 제 것보다 나은 것으로 알고 있습니다)와, 같은 저자가 웅변가에 관해 토론 형식으로 쓴 수사학 책 세 권입니다(아마 당신께서는 이 책들을 가지고 계시리라 생각합니다. 왜냐하면 당신의 도서 목록에서 「에레니우스에게 보내는 편지」와 다른 몇 편의 글을 언급하신 후에 이렇게 씌어 있는 것을 보았거든요. 키케로의 「수사학 논저」 외에 키케로의 「책들에 대한 주해」라고 말입니다.) 그밖에도 그 목록에는 아울로 겔레의 『아티카의 밤』과 여러 저작들이 더 있었습니다. 부디 호의를 베풀어주셔서 제가 이곳에 머무는 동안 그것들을 필사할 수 있었으면 합니다.

책과 학교

12세기와 특히 13세기에는 학교의 발달과 더불어 독서가 새로운 국면을 맞이하게 되었다. 파리와 옥스퍼드, 볼로냐, 살라만카 등 유럽 각지의 대학 도시들에 자리잡은 교사와 학생들은 책을 학업의 도구로 보았다. 13세기에 도시에 살고 있던 서적상들은 이 새로운 독자 대중을 위해 포켓판 성서의 대량 생산에 뛰어들었다. 수도원에서 필사되고 채식되던 예식용의 대형판 성서 대신 단출한 판형의 완본 성서가 필요해졌던 것이다.

이런 대학가의 성서는 싸고 찾아보기 쉽고 갖고 다니기 편해야 했다. 고운 벨룸 지에 2단 짜기를 하여 양피지를 망가뜨리지 않게끔 촘촘한 글씨로 필사되었다. 텍스트는 규격화되었고, 장식은 장절(章節)을 알아보는 데 필요한 머리글자 장식에 국한되었다. 주서와 이 무렵에 등장한 색인은 이런 수서본들을 편리한 학습용 책으로 만들어주는 도구들이었다.

학생들에게 필요한 것은 성서만이 아니었다. 대학에서는 문학부, 법학부, 의학부, 신학부 등이 학생들이 반드시 알아야 할 기본 저작들을 교과 과정에 넣었다. 서적상이나 문구상들은 그 책들의 필사본을 가능한 한 싼값에 만들었다. 이런 대학 교재들은 수도원의 스크립토리움에서 나온 수서본들보다 작고 장식이 적은 대신, 내용은 훨씬 다양했다. 전례서는 별로 포함되지 않았고, 그보다는 학생들에게 권위 있는 저자들이 많았다.

신학부에 드나드는 학생들은 반드시 성서와 『금언집』을 지참해야 했다. 교회법을 공부하는 학생들은 그라티아누스의 『캐논』과 『클레망틴』을 위시한 주교 법령들에 천착했다. 민법을 공부하는 학생들은 유스티니아누스의 『법전』과 『디게스테』 『인스티투테스』 『노벨레스』 등을 포함하는 민법 대전을 부지런히 참조했다. 문법가 도나투스와 철학자 아리스토텔레스의 저작들은 문학부 교육의 기초였다. 장차의 의사들은 히포크라테스, 갈레노스의 저작들과 아비센나의 『캐논』을 속속들이 익혀야만 했다.

그라티아누스의 저작은 캐논법 연구의
기초 가운데 하나였다.

『법령집』, 그라티아누스, 메트르 드 오노레 채식,
13세기, 투르 시립도서관.

Concordia discordantium canonum ac primum de iure nature et constitutionis.

Humanum genus duobus regitur, naturali videlicet iure et moribus. Ius naturale est quod in lege et in euangelio continetur. Quo quisque iubetur alii facere quod sibi vult fieri et prohibetur alii inferre quod sibi nolit fieri. Unde xpistus in euangelio. Omnia quecumque vultis ut faciant vobis homines et vos eadem facite illis. Hec est enim lex et prophete. Hinc ysidorus in v. libro ethimologiarum ait. Divine leges natura humane moribus constant.

Omnes leges aut divine sunt aut humane. Divine natura, humane moribus constant, ideoque hec discrepant quoniam alie aliis gentibus placent. Fas lex divina est. Ius lex humana. Transire per agrum alienum fas est, ius non est. Ex verbis huius auctoritatis evidenter datur intelligi in quo differant inter se lex divina et humana, cum omne quod fas est nomine divine vel naturalis legis accipiatur, nomine vero legis humane mores iure conscripti et traditi intelligantur. Est autem ius generale nomen multas sub se continens species. Unde in eodem libro ethimologiarum ysidorus ait. Ius generale ... lex autem species eius est.

Ius generale nomen est, lex autem iuris est species. Ius autem dictum est quia iustum est. Omne autem ius legibus et moribus constat. Quid sit lex. Lex est constitutio scripta. Quid sit mos. Mos est longa consuetudo de moribus tantummodo tracta. Quid sit consuetudo. Consuetudo autem est ius quoddam moribus institutum quod pro lege suscipitur cum deficit lex. Nec differt an scriptura an ratione consistat quoniam et legem ratio commendat. Porro si ratione lex constat, lex erit omne quod iam ratione constiterit, dumtaxat quod religioni congruat, quod discipline conveniat, quod saluti proficiat. Vocatur autem consuetudo quia in communi usu est. Cum itaque dicitur non differt utrum consuetudo scriptura vel ratione consistat, apparet quod consuetudo est partim redacta in scriptis, partim moribus tantum utentium est reservata. Que in scriptis redacta est constitutio sive ius vocatur. Que vero in scriptis

교사가 학생들에게 어려운 법학을 설명하고 있다.

『법전 주해』, 치노 다 피스토야, 14세기, 리옹 시립도서관.

Ci commance le .xv.e liure des proprietez
qui traitte des prouinces & des pays. [illegible]
laide de dieu Il
fault dire aucune
chose des parties
de la terre et des
prouinces par les
quelles le monde
est deuise en general
et ne dirons pas de toutes mais seulement
de celles dont la sainte escripture fait sou
uentes foys mention. Le premier chap parle
selon ysidore de la diuisio du monde
ou .xv.e liure des ethymologies
le monde est deuise en troys parties dont
lune est appellee Asye et lautre europe

중세 말기에 가장 높이 평가되었던 백과사전
가운데 하나였던 『사물의 본성에 관한 책』.
바텔레미, 프랑스 국립도서관.

속인들의 독서

파리에 학교들이 번창하던 무렵, 속인들 특히 귀족들은 낭독 대신 묵독의 습관을 갖기 시작했다. 종교서이든 세속서이든 마찬가지였다. 독서는 남녀를 불문하고 귀족 계층 전체로 확산되었다.

1265년경 『인간의 네 시대』를 저술한 모랄리스트 필립 드 노바르는 여인들이 서적 문화에 접하는 데 아직 반대하면서 그 이유로 여성의 타고난 악한 본성이 그런 유익을 악용할 수 있다고 주장했다. "소녀들이 글을 읽고 쓸 줄 안다는 것은 수녀가 되려는 경우 외에는 좋지 못하다. 왜냐하면 때가 되면 연애편지나 주고받을 터이기 때문이다."

그러나 이렇게 생각하는 이들은 오히려 소수였다. 필립과 동시대인이었던 도미니쿠스회 수도사 뱅상 드 보베는 그와 반대로 소녀들을 교육하는 것이 그녀들의 악한 성향을 완화시켜준다고 주장했다. 1372년에 딸들을 위한 교육론을 집필한 기사 조프루아 드 라 투르 랑드리는 그녀들이 지혜를 배우고 영혼을 위협하는 위험으로부터 자신을 지키기 위해서는 읽을 줄 알아야 한다고 주장했다. 성서를 자주 접하는 것은 고상하고 필요한 활동이라는 것이었다. 이런 저자들은 소녀들이 장차 어머니이자 교육자로서의 역할을 하기 위해 속어 읽기를 배워야 한다는 크리스틴 드 피장과 주장을 같이 했다. 유식해지기 위해 라틴어를 배울 필요는 없었다.

여성 음유시인들이나 크리스틴 드 피장 같은 여성 작가들의 등장만 보더라도, 중세 말기에는 여성들이 문자 문화에 참여했음을 알 수 있다. 여성들은 글을 읽고 썼다. 그녀들은 나름대로의 장서를 수집하기도 했다.

샤를 6세의 왕비였던 이사보 드 바비에르는 세상을 떠날 때 33권의 수서본을 남겼다. 왕비와 왕녀들은 재정적 재량이 제한되어 있었으므로 그녀들의 장서는 배우자들의 장서에 비하면 보잘것없었지만, 그래도 그런 장서들은 그녀들이 독서에 진정 관심을 가지고 있었음을 입증해준다.

1329년에 세상을 떠난 마오 다르투아 백작부인의 주문은 여성의 독서 취향을 보여준다. 여성들은 무엇보다도 신앙서적과 소설을 탐독했고, 정치나 역사에 관한 책들은 남정네들의 몫으로 남겨두었다. 1308년 백작부인은 운문소설 『트로이 이야기』와 『페르스발 또는 그라알 이야기』를 7리브르 1수에 샀으며, 1312년에는 마르코 폴로의 여행기를 샀다. 그녀의 장서에는 1313년 파리의 서적상 토마 드 모뵈주로부터 8리브르를 주고 산 『공작(孔雀)의 맹세』라는 궁정풍 소설과 『성인전』 그리고 1327년에 거금 100리브르를 들여 같은 서적상으로부터 입수한 프랑스어 성서도 들어 있다.

필립 4세의 왕비 잔느 드 나바르, 샤를 4세의 왕비 잔느 데브뢰, 필립 6세의 왕비 블랑슈 드 나바르 등 카페 가문의 왕녀들도 14세기 미장본의 주요 주문자들이었다. 그녀들의 문장을 담은 수서본들은 주로 신앙 서적, 시편집, 성무일과서, 시도서 등이었다.

『여인들의 편지』, 오비디우스, 15세기,
프랑스 국립도서관.

모세의 생애.

『병기창 성서』, 13세기, 프랑스 국립도서관.

Ci commencent les heures monseigneur
saint loys roy de france. A matines.
Domine labia mea aperies.
Et os meum annunciabit laudem tuam.
Deus in adiutorium

필립 6세의 왕비 블랑슈 드 나바르(왼쪽)가
어린 왕자의 공부를 지도하고 있다.

『잔느 드 나바르의 시도서』, 퓌셀의 공방에서 채식,
14세기, 프랑스 국립도서관.

중세의 독자들

신앙서적

성서는 수도원과 대학가에 가장 널리 보급된 수서본이기는 했지만, 속인들의 장서에서는 찾아보기 힘들었다. 단지 몇몇 부유한 수집가들만이 화려하게 채식된 성서를 지니고 있었다. 귀족 계층 가운데는 라틴어를 아는 이가 드물었고, 따라서 성서가 대중에게도 널리 보급되기 시작한 것은 13세기 말에 라틴어 성서를 부분적으로나마 각국의 언어로 번역하면서부터였다. 1295년 생피에르 대르의 참사회원이다가 대학의 학감이 된 기야르 드 물랭은 『역사 성서』라는 제목으로 성서의 프랑스어 번역본을 냈는데, 오늘날 무려 70개의 사본이 남아 있다는 사실로 그 인기를 미루어 짐작할 수 있다.

1317년, 필경사 장 드 파플뢰는 파리의 에크리뱅 가에 살면서 176장의 채식화가 든 미장본 성서를 완성했다. 그것은 단순히 성서의 완역본일 뿐 아니라, 교양 있는 아마추어 독자들이 알아보기 쉽도록 두 단 내지 석 단으로 짠 대형판에 필사된 성사(聖史)였다. 텍스트 가장자리에 곁들여진 삽화들은 사건들에 대한 이해를 도왔다.

선왕 장 2세의 『해제 성서』,
14세기, 프랑스 국립박물관.

12~13세기에는 시편집이나 계시록처럼 성서의 낱권을 떼어 번역하는 일이 성행했다. 성서 전체가 프랑스어로 완역되는 것은 14세기에 들어 카페 왕조의 왕들이 후원하면서부터였다. 도미니쿠스회 수도사 장 드 시의 번역은 선왕(善王) 장 2세의 후원을 받았고, 라울 드 프렐의 번역은 1375년과 1380년에 샤를 5세의 주문을 받은 것으로, 이 두 가지 모두 지나치게 방대한 규모 때문에 완성되지 못했다.

속인들의 신앙 서적은 대체로 훨씬 더 수수한 것이었다. 성무일과서, 시편집, 시도서 등이 차례로 인기를 얻었다. 베리 공작의 장서는 이런 분류를 잘 보여준다. 이 애서가는 약 300권의 수서본을 갖고 있었는데, 그 가운데는 16권의 시편집, 18권의 성무일과서 그리고 수많은 시도서들이 들어 있었다.

성무일과서와 시편집은 수도원 경내를 떠나 속인들의 사설 예배당으로 간 최초의 수서본들이다. 시편집이란 성서에서 발췌한 시편들을 모은 책으로, 신자들의 묵상을 도우려는 목적으로 만들어진 것이었다. 시편은 찬양과 탄원과 감사를 주제로 한 종교시였다. 가장 잘 알려진 것은 탄원의 시편들인데, 다윗왕이 지은 것으로 알려진 이 시들을 '참회 시편'이라 부른 것은 6세기의 카시오도로스였다. 귀족 가문에서는 자녀들에게 글읽기를 가르칠 때 시편집을 사용하곤 했다.

성무일과서는 중세에 나타난 것으로, 속인들에게 주어진 최초의 기도책이었다. 그것은 흔히 작은 크기의 수서본이었으며 찬양, 독본, 시편, 아가 그리고 조과(朝課)에서 종과(終課)에 이르기까지 하루 중

매시간 암송해야 하는 여러 가지 기도 등 묵상에 필요한 모든 것을 압축된 형태로 모은 것이었다. 본래 사제나 수도사, 수녀들을 위한 것이었지만 차츰 속인들에게까지 보급되었다. 성무일과서를 이루는 텍스트를 고르는 것은 주문자의 재량에 맡겨졌다. 11세기부터는 성인전례문과 성모일과가 첨가되었고, 13세기경에는 성무일과서의 모범적인 형태가 차츰 자리 잡게 되었다.

음악가 다윗왕.

15세기의 시편집, 렌 시립도서관.

같은 시대에, 성모일과는 성무일과서로부터 떨어져 나와 그 자체가 새로운 신앙서적의 중심이 되었는데, 이것이 시도서(時禱書, livred Heures)이다. 시도서란 중세의 애서가들이 쉽게 가질 수 있는 유일한 예술작품이었다. 중세 말기에 시도서는 가장 흔하게 필사되고 가장 화려하게 채식되는 책이었다. 오늘날 공공 도서관에 가장 많이 남아 있는 수서본도 시도서이다. 런던의 대영도서관에 400권, 파리 국립도서관에 300권, 그밖에 지방 도서관들에도 많은 시도서들이 소장되어 있다. 시도서의 본문은 시편집과 성무일과서로부터 차츰 형성되었으며, 특히 성모 일과에 삽입된 기도들이 핵심이 되었다. 이런 발전은 12세기경부터 가톨릭 교회에서 일어난 마리아 숭배에서 기인한다.

시도서라는 이름은 8세기부터 교회에 의해 수립된 캐논 시간에서 온 것이다. 수도원의 규율은 수도사들이 하루에 일곱 번, 약 3시간마다 한 번씩 모여서 기도할 것을 명하고 있었다. 교회 종탑에서 알리는 시간이 기독교 세계의 하루에 리듬을 부여했다. 그것은 우선, 자정 무렵에 조과(朝課)로부터 시작해 새벽 3시경에 찬과(讚課), 여섯 시경에 1과, 아홉 시경에 3과, 정오경에 6과, 오후 세 시경에 9과, 여섯 시경에 만과(晩課) 그리고 아홉 시경에 종과(終課)로 마쳤다. 조과와 찬과는 그 후 새벽예배로 합쳐졌고, 만과와 종과는 저녁예배로 합쳐졌다. 중세 말기에는 시간을 나타내는 말이 곧 예배를 의미했다.

속인들 가운데도 이런 기도 시간을 준수하여 기도와 묵상을 행하는 이들이 있었다. 주앵빌이 쓴 전기에 따르면, 성왕 루이도 그런 사람들 가운데 한 명이었다. "날마다 왕은 정해진 시도를 드렸고 진혼 미사와 낮 미사를 드렸다. … 오후에는 자신의 방에서 망자들을 위한 기도를 드렸고 … 저녁에는 종과를 드렸다." 그러므로 시도란 형식을 갖춘 미사라기보다는 집 안에서 개인적으로 암송하는 기도였다.

이 수서본은 기사들의 전투 장면을 그린 테두리 장식이 화려하다.

『르노 드 바르의 성무일과서』, 13세기, 베르됭 시립도서관.

시도서는 이런 새로운 형태의 신앙에 매우 적합한 도구였다. 그것은 전통적인 성무일과서나 시편집보다 속인들의 요구에 더 잘 부합했다.

20세기 초 아베 르로케는 시도서의 구성을 근본적인 텍스트와 부수적인 텍스트로 구분한 바 있다. 이런 텍스트들이 교회의 관할 바깥인 도시의 공방들에서 속인 주문자의 요구에 따라 필경사에 의해 취합되고, 채식사에 의해 채식되는 것이었다. 이런 수서본의 대다수에 실렸던 필수적인 텍스트는 전례력과 성모일과, 참회의 시편들, 연도(連禱)와 망자 미사였다.

전례력은 교구의 전례 관행에 따라 라틴어로 씌어지기도 하고 프랑스어로 씌어지기도 했다. 종이 한 장의 앞뒷면이 한 달로 채워졌으며, 한 달의 모든 날이 표시되지 않았으나 주요 축일들은 붉은 잉크로, 지방의 성인 축일들은 검정 잉크로 씌어졌다. 어떤 성인들의 축일이 표시되었는가를 보면 시도서의 출처나 목적지를 알아낼 수도 있다. 그러나 중세 말기에는, 로마나 파리에서 쓰이던 전례력들이 프랑스 전역에 유포되기에 이르렀다. 삽화가 곁들여졌고, 일정한 절기에 따른 노동과 황도대의 표지들도 함께 실리게 되었다.

수태고지.

『시도서』, 15세기, 렌 시립도서관.

'시도서'의 중심이 된 '성모일과'를 중세 말기에는 '노트르담 일과'라고도 했는데, 이 기도는 대개 성무일과에 따라 성모와 그리스도에 대한 찬송가로 이루어져 있었다. 각 성무는 성구 한 행과 도입 답창, 영광송, 응답송, 시편 앞뒤에 노래하는 성구, 시편 등으로 이루어져 있었다. 가장 중요한 성무는 아침과 저녁의 것으로, 그에 비해 낮 시간의 성무들(제1시과, 3시과, 6시과, 9시과)은 '소(小)시도'라 불렸다.

성모일과는 시도서의 핵심을 이루었으며, 수서본 안에서도 가장 화려하게 장식되었다. 단 한 장의 삽화가 든 수서본의 경우, 그 삽화는 성모일과에 배당되었다. 그때 어떤 그림을 그리느냐는 상당히 일찍부터 정해져 있었고, 그리스도의 어린 시절 사건들을 주제로 했다. 우선은 조과 때에 수태고지, 찬과 때에 성모의 엘리사벳 방문, 1과에 성탄, 3과에 목자들에게 고지, 6과에 동방박사들의 경배, 9과에 성전 참배, 만과에 이집트 피신이나 헤롯의 영아몰살, 종과 때에 성모 대관(戴冠) 등이 그려지게 마련이었다.

『안느 드 브르타뉴의 아주 작은 시도서』.

크기가 높이 6.6센티미터, 폭 4.6센티미터에 불과한 이 수서본의 활자와 삽화가 보여주는 정밀도는 경이로운 수준이다. 1498년경, 프랑스 시립도서관.

Oratio
Ad Matutinas De Beata Virgine
Domine labia mea aperies

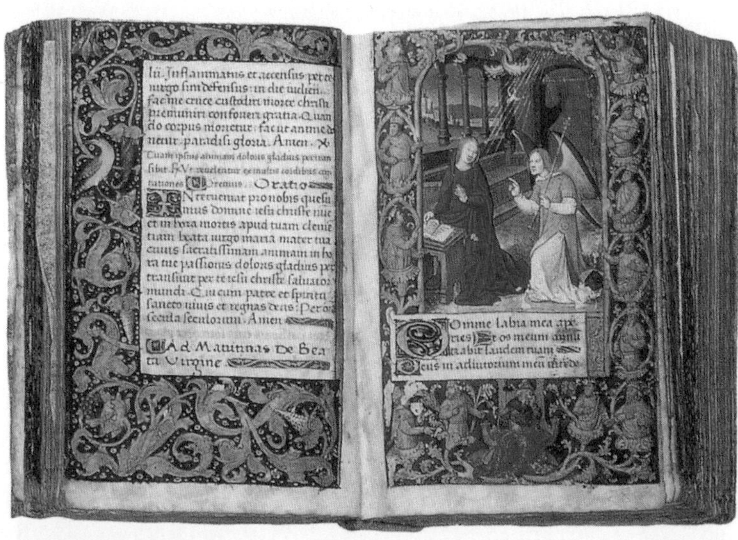

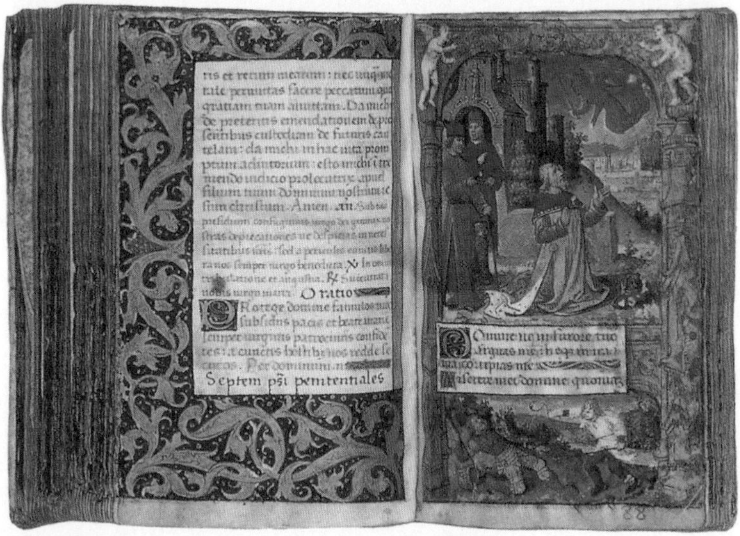
Oratio
Septem psalmi penitentiales

수태고지.

메트르 드 부시코의 공방에서 채식됨,
15세기, 브뤼셀 앨버트 1세 왕립 도서관.

성탄.

메트르 드 부시코의 공방에서 채식됨,
15세기, 브뤼셀 앨버트 1세 왕립 도서관.

시도서는 시편집에서 참회 시편으로 알려진 일곱 편의 시편(제6, 31, 37, 50, 101, 129, 142편)을 골라 실었는데, 그 중 다섯 편은 다윗왕이 지은 것이었다. 시편집에는 대개 다윗왕이 하프를 타며 참회의 노래를 하는 장면을 삽화로 싣고 있었다. 연도(連禱)란 삼위일체, 성모, 대천사, 세례 요한, 사도들, 전례력의 성인들 그리고 각 지방의 성인 성녀들에 이르기까지 위계질서에 따라 차례로 드리는 기도를 말한다. 연도는 흔히 성인들과 그들의 특징을 나타낸 그림들로 장식되었다.

시도서의 마지막은 망자일과로 이루어졌다. 이것은 미사경본에 나오는 망자미사가 아니라 영혼의 구원을 위한 일련의 기도들로, 장례 때 진혼미사가 있기 전 철야를 하는 동안 낭독되었으며, 만과부터 자정까지, 자정부터 새벽까지 두 부분으로 이루어졌다. 시도서의 주인은 꼭 장례 때가 아니라 죽음에 대한 마음의 준비를 하거나 영혼의 구원을 다짐할 때도 읽을 수 있었다. 모랄리스트들과 신학자들은 신도들에게 이런 선종(善終)의 기술을 다져놓을 것을 권하곤 했다. 죽음에 대한 글이나 그림에 대해 묵상함으로써 죽음에 대한 마음의 준비를 하라는 것이었다. 이런 텍스트에 곁들여진 삽화들의 수나 다양성은 1348년의 페스트 창궐 이후 서구 중세 사회를 사로잡았던 죽음에 대한 강박이 얼마나 컸던가를 보여준다. 망자일과의 삽화로 채식사들과 주문자들이 한결같이 선호했던 주제는 매장, 장례 미사, 묘지 등을 그린 것이었지만 세속적인 자를 잡아가는

목자들에게 고지.

메트르 드 부시코의 공방에서 채식됨,
15세기, 브뤼셀 앨버트 1세 왕립 도서관.

죽음, 세 사람의 망자와 세 사람의 산 자가 하는 말, 두엄더미 위의 욥 그리고 좀더 낙관적인 관점에서는 나사로의 부활 등 좀더 교훈적인 주제도 있었다.

이상이 시도서의 근본적인 텍스트에 해당한다. 그밖에 부수적인 텍스트의 구성은 주문자의 의사에 맡겨져 있었으므로 주문자는 자신이 원하는 대로 복음서의 구절들, 십자가 기도와 성령 기도, 성모께 바치는 기도, 성인들에게 드리는 대도(代禱)도 넣을 수 있었다. 복음서의 대목들은 4대복음서에서 발췌되었다. 성탄 미사에서는 요한복음의 "태초에 빛이 있으니라", 3월 25일에는 누가복음의 수태고지, 공현절에는 마태복음 그리고 승천절에는 마가복음 중 사도들의 분열 대목이 선택되었다. 성서의 이런 대목들은 전례년의 대축일들에 읽게 되어 있었고, 거기에는 대개 복음서 기자들의 초상화나 그들의 상징이 곁들여졌다.

십자가 기도, 성령 기도 등은 찬송가 한 편, 답송 한 편 그리고 기도 한 편으로 이루어진 짧은 성무이다. 전자는 그리스도의 수난을 환기하는 것으로, 대개 십자가상의 그리스도를 그린 삽화가 곁들여졌고 후자에는 성령강림절을 나타낸 삽화가 곁들여졌다.

시도서에 가장 자주 실린 것은 성모에게 올리는 기도들이었다. 이런 기도문은 중세 말의 신도들에게 대성공을 거두었다. '옵세크로 테'(Obsecro te)는 임종시에 성모의 중보를 얻기 위해 드려지는 긴 간구였다.

성탄.

『안느 드 브르타뉴의 대시도서』,
15세기, 프랑스 국립도서관.

장엄한 르네상스 건축물 속에 앉아 있는
복음서 기자 마태의 모습.

『스포르차 시도서』, 15세기,
런던 브리티시 도서관.

'오 인테메라타'(O intemerata)는 성모의 순결을 찬양하고 죄의 사면에 대해 도움을 청하는 것이었다. 라틴어로 씌어진 이 기도문들은 구문자의 성별에 따라 남성형 또는 여성형으로 작성되었다. 대개 아기 예수를 안고 있는 성모나 피에타의 성모 그리고 때로는 주문자가 성모의 발치에 무릎을 꿇고 있는 그림이 그려졌다.

부수적인 텍스트의 맨 마지막에 오는 것은 대도(代禱)였다. 이것은 교송, 성구 독창과 답창 그리고 기도문으로 이루어졌다. 이것은 삼위일체, 성모, 대천사들, 성 요한, 사도들, 성인 성녀들이라는 연도의 위계질서를 따랐으며 드물게 작은 초상화들이 곁들여졌다.

이상과 같은 시도서의 근본적인 텍스트와 부수적인 텍스트 외에도, 까다로운 주문자들은 종종 요한복음의 수난에 관한 대목, 성모의 열다섯 가지 기쁨, 주님께 드리는 일곱 가지 소청 등 그밖의 기도문을 싣기도 했다.

성모의 열다섯 가지 기쁨이란 중세 말기의 취향에 맞는 긴 기도문으로, 그리스도의 어린 시절과 성모의 생애에 관한 환희의 신비들에 바쳐진 것이다. 마리아는 수태고지, 엘리사벳 방문, 수태, 탄생, 목자들게 알림, 동방박사 경배, 성전 방문, 박사들과 함께 있는 예수, 가나의 결혼, 오병이어(五餠二魚)의 기적, 수난, 부활, 성령강림, 승천 등의 사건 모두에 등장한다.

주님께 드리는 일곱 가지 소청은 예수 그리스도께 드리는 기도들이다. 때로 거기에 스웨덴의 브리기테 성녀가 지었다는 열다섯 가지 기도가 더해지기도 하며, 이 기도문들이 연옥에 머무는 기간을 줄여준다고 믿었다.

시도서의 말미에는 주문자의 요청에 따라 속어로 씌어진 기도문들도 실렸는데, 만일의 경우에 대비한 이 기도문들 중에는 치통을 막기 위해 드리는 기도, 불임을 막기 위해 드리는 기도, 역병을 막기 위해 드리는 기도 같은 것들이 있었다.

시도서는 주문자의 침실에 보관되는 것이 상례였으며, 이들은 날마다 이 책을 읽으며 신앙생활을 했다. 그래서 이 책은 부모가 자식에게 유물로 물려주는 가보에 속했다. 또한 약혼이나 결혼 때에 가장 환영받는 선물이기도 했다. 시도서가 가문이나 가계의 기념물이 되는 일도 드물지 않았으니, 그 여백에는 대대로 책을 물려받은 이들이 일생의 주요 사건들을 기록해두곤 했다. 채식사가 L. M. 들레세가 지적했듯이, 시도서는 "중세의 베스트셀러"였다. 이런 취향에는 일말의 속물주의도 없지 않았으니, 시인 외스타슈 데샹은 발라드 한 편에서 파리의 부유한 부르주아 집안에서 시도서가 유행하는 것을 은근히 비꼬았다.

성모자상 앞에서 기도하는 브르타뉴 공작부인 이자벨 스튜어트.
『이자벨 스튜어트의 시도서』, 15세기, 케임브리지 피츠윌리엄 박물관.

Mater dei memento mei
Oracio beate marie.
bsecro te domina
sancta maria

성모 마리아의 이야기가 담긴 시도서.

『로렌초 데 메디치의 시도서』, 15세기,
뮌헨 바이에른 국립도서관.

14
Incipit officium beate
uirginis marie: Secun
dum consuetudinem
Romane curie. Ad
matutinum versus.
ia mea aperies. R. Et
os meum annuntiabit

지옥의 광경.

『신곡』, 단테 알리기에리, 15세기,
베를린 국립박물관.

네 명의 복음서 기자가 각기 자신의 상징을 곁에 둔 채(마가는 사자, 마태는 천사, 누가는 황소, 요한은 독수리) 글을 쓰고 있다.

『갈레아초 마리아 스포르차의 검은 기도서』, 15세기, 빈 오스트리아 국립도서관.

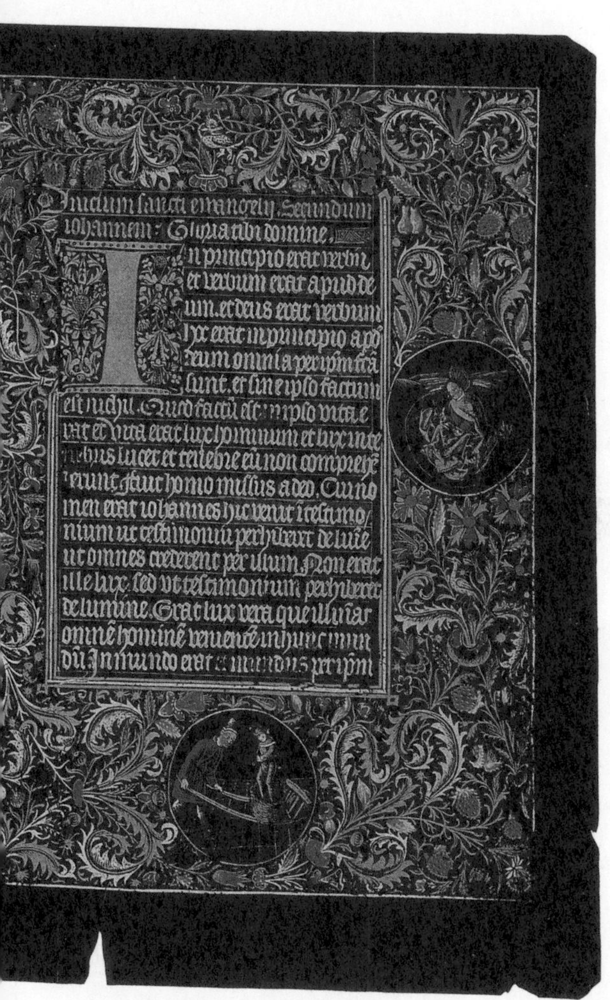

Initium sancti evangelij. Secundum
iohannem: Gloria tibi domine.
In principio erat verbum
et verbum erat apud de
um. et deus erat verbum
hoc erat in principio apud
deum omnia per ipsum facta
sunt. et sine ipso factum
est nichil. Quod factum est in ipso vita e
rat et vita erat lux hominum et lux in te
nebris lucet et tenebre eam non comprehen
derunt. Fuit homo missus a deo. Cui no
men erat iohannes hic venit in testimo
nium ut testimonium perhiberet de lumine
ut omnes crederent per illum. Non erat
ille lux. sed ut testimonium perhiberet
de lumine. Erat lux vera que illuminat
omnem hominem venientem in hunc mun
dum. In mundo erat et mundus per ipsum

▲ 수난의 도구들.

『시도서』, 16세기,
아미엥 메트로폴 도서관.

▼ 최후의 심판.

『로앙의 대시도서』, 15세기,
프랑스 국립도서관.

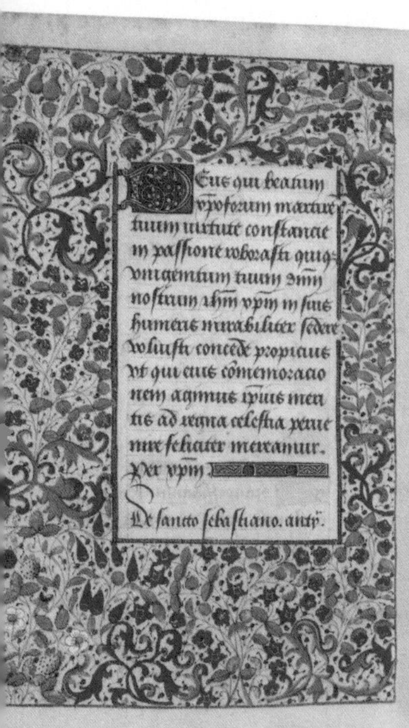

세바스티안 성인의 순교.

『마르그리트 드 푸아의 시도서』, 15세기,
런던 빅토리아 앤 알버트 박물관.

내게도 노트르담 시도서가 있어야겠네
귀족 부인에게 걸맞을 만한
금란(金襴)을 곱게 씌운
금빛에 하늘빛, 호화롭고 우아한
섬세한 시도서가.
펼쳐 열어본 후에는
두 개의 금고리로 잠가둘 수 있는
이보다 더 아름다운 것을 지닐 수는 없다고
보는 사람마다 부러워할 만한 시도서가.

시도서는 이처럼 사회적 권위의 표상이기도 했으므로, 흔히 주문자의 초상화나 문장으로 장식되었다. 모종의 세속적 교만을 입증하는 동시에, 중세 말기 남녀의 가장 충심 어린 신앙의 표현이기도 했다.

세속적인 책들

속인들의 장서에는 세속적인 책들, 독자의 쾌락과 도피 욕구를 만족시켜주는 책들도 꽂히게 되었다. 이런 작품들은 속어로 씌어졌으며, 신앙 서적보다 더 귀하고 값비싼 것이었으므로 귀족 가운데서도 가장 부유한 이들만이 가질 수 있었다. 귀족들은 남녀 구분없이 이야기를 좋아했지만, 특히 기사도적 가치를 표방하는 로맨스 이야기들을 좋아했다. 그 안에서 헥토르, 알렉산더 대왕, 카이사르 같은 고대의 영웅들은 신실한 기사로 변모했다.

본래 소설, 즉 '로망'(roman)이란 약 8,000행에서 3만 행에 이르는 긴 운문작품으로, 라틴어가 아닌 로망어로 씌어졌다고 해서 그렇게 불렸다. 비교적 짧은 허구 작품들은 '콩트'(conte) 혹은 '레'(lai, 短詩)라 불렸다. '로망'은 역사적 사건들을 이야기하기는 하지만, 무엇보다도 독자들이 높이 사는 기사도적 덕목과 궁정의 도덕들을 앞세우는 상상력의 소산이었다.

서구 전체에 가장 명성을 떨친 작품은 1206~1230년 사이에 한 익명 저자가 지은 『카이사르까지의 고대사』였다. 이 책은 귀족 대중에게 고대 신화 및 역사의 소설본을 제공했다. 오늘날도 공공 도서관 약 40부의 사본이 남아 있으니, 그 인기를 미루어 짐작할 수 있다.

이런 수서본들은 대개 화려하게 장식되었는데, 그 삽화들은 고대의 이야기를 중세 궁정풍으로 그리는 착오를 서슴지 않았다. 가령, 1402년 베리 공작이 주문한 『고대사』 수서본에서는 트로이의 목마에 관한 재미난 삽화를 볼 수 있다.

고대는 브누아 드 생트모르의 『트로이 이야기』에도 소재를 제공했다. 브누아는 12세기 말 궁정에서 활동한 작가로, 이 작품은 전쟁 장면들보다는 궁정의 가치를 전면에 내세워 단연 성공작이 되었다. 14세기에 이탈리아에서 제작된 한 수서본은 살루스티우스의 조카 코르넬리우스가 고대 트로이 소설들로 가득 찬 장롱을 발견하는

1096년의 십자군 원정을 위해 승선하는 모습.

『예루살렘 십자군 왕국의 연대기』, 15세기,
빈 오스트리아 국립도서관.

concille et remonstra
que la pzient estoit
presque perdue. Et par
son bel sermon plusieurs
vouerent le saint peleri
nage en la terre doul
tre mer.
Guilla me cote de fores
Estiene conte dam bermarle
Conte du perce
Hue conte de sepol
Gerard de roussil lon
Le Con te tan cret
Beymot prince de tarente
Regnault Conte de toul

장면을 보여준다. 삽화는 고대에서 소재를 취한 이런 소설들이 독자들에게 얼마나 큰 반향을 일으켰는가를 상징적으로 보여준다.

고대의 신화 및 역사 이야기는 알렉산더 대왕에 관한 여러 편의 소설에도 소재를 제공했는데, 이 작품들은 대왕을 다분히 공상적인 방식으로 제시한다. 『테베 이야기』는 오이디푸스 신화를 중세적 방식으로 재해석한 것이고, 1150년경에 나온 『아이네아스 이야기』는 베르길리우스의 『아이네이스』를 번안한 것이다.

▲ ▶ 이 채식화에서 장 푸케는 군중을 묘사하고 깊이를 암시하는 데 거장임을 유감없이 뽐낸다.

1377년 황제가 아들과 함께 샤를 5세를 방문하는 이 장면은 거의 백 년 전의 이야기를 묘사한 것이다. 『프랑스 대연대기』, 15세기, 프랑스 국립도서관.

◀ 장 푸케가 그린 샤를 7세의 초상.

1450년경, 파리 루브르 박물관.

트로이의 목마.

『카이사르까지의 고대사』, 장 푸케 채식, 15세기, 루브르 박물관.

샤를 6세의 대관식.

『프랑스 대연대기』, 14세기, 프랑스 국립도서관.

중세 말의 독자들은 또 다른 소설적 원천인 '브리튼 설화'에도 심취했다. 이것은 아더왕과 원탁의 기사들의 모험을 노래한 것이다. 조프리 오브 몬머스는 1148년경 『멀린의 생애』에 마법사 멀린과 젊은 아더왕을 등장시킨 데 이어, 『브리튼 왕실사』로 아더왕 이야기를 귀족 계층에 널리 알렸다. 이 두 작품은 엄청난 성공을 거두었으며, 영국, 프랑스, 이탈리아, 스페인 등지에서 속어로 번역되었다. 바이외의 참사회원이었던 웨이스는 브리튼인들의 무훈시를 『브뤼트 이야기』, 노르만인들의 무훈시를 『루 이야기』라는 작품으로 쓰면서, 거기에 아더왕의 수많은 전설들을 넣었다. 노르망디 시인 베룰은 1160~1170년 사이에 『트리스탄 이야기』를 썼는데, 그 전설은 1170년 토마에 의해 새로운 형태로 재창조되었다. 브리튼 이야기는 마침내 크레티엥 드 트루아의 손에서 가장 탁월한 모습으로 탄생되는데 그는 1180년에 쓴 『그라알 이야기』 외에도, 1165~70년에 『에렉과 에니드』, 1176년에 『클리제스』 그리고 특히 1177~1181년 사이에는 『수레의 기사 랑슬로』와 『사자의 기사 이뱅』을 씀으로써 이 전통을 풍부하게 만들었다.

'프랑스 설화'란 일찍이 『롤랑의 노래』나 『기욤의 노래』 등 무훈시로 만들어졌던 샤를마뉴 대왕의 이야기를 소설적인 형태로 만든 것이다. 이처럼 소설을 통해 역사에 접근하는 방식과 함께 중세 말에 이르면 더욱 진지한 독서가 행해진다. 13세기에는 호기심 많은 대중에게 자기 시대의 지식을 알리고자 하는 대중화 작품들이 유행했다. 이런 저작은 흔히 '보감'(寶鑑)이라는 제목을 달고 있었으며, 주로 왕이나 제후들의 후원을 받는 학승들에 의해 씌어졌다. 가령 뱅상 드 보베가 그 좋은 예이다. 이 도미니쿠스회 수도사는 성왕 루이의 후원을 받아 학문의 대중화를 위한 방대한 저작 『대(大) 보감』을 썼다. 『자연 보감』 『교의 보감』 『역사 보감』으로 이루어진 이 3부작에서 그는 자연과학, 물리학, 수학, 역사, 윤리학, 신학 등에 관한 당대의 모든 지식의 총화를 이룩하려 했으며, 특히 『역사 보감』은 창조 이후 1254년에 이르기까지 전 세계의 역사를 다루고 있다. 이 책은 단연 성공을 거두었으며, 1333년 속어로 번역되었다.

역사에 대한 이런 관심으로부터 『프랑스 대연대기』가 씌어졌는데, 이 책은 성왕 루이가 1250년경 생드니 수도원의 수도사들에게 주문한 것으로, 중세 말까지 편찬이 계속되었으며 1274년부터는 프랑스어로 번역되었고 나아가 프랑스 왕국의 공식 역사가 되었다. 이 책도 귀족으로부터 큰 성공을 거두었으며, 그 유행을 말해주듯 100여 부의 사본으로 남아 있다.

13세기에는 소설 문학이 다양해져서 『여우 이야기』 같은 풍자 소설, 『장미 이야기』 같은 알레고리 소설도 나오게 되었다. 이것은 분명 중세에 가장 널리 읽혀진 작품 가운데 하나일 것이다. 그 제1부는 1225~1240년 사이에 기욤 드 로리스가 쓴 것으로 오비디우스의 『연애술』에서 영감을 얻어 궁정풍 사랑을 노래한 알레고리 작품이다. 기욤 드 로리스가 미완성으로 남긴 소설을 장 드 묑이 계속하여

장미를 찾아가는 연인.

장 드 묑, 『장미 이야기』, 15세기,
런던 브리티시 도서관.

'정령'에게 명령을 내리는 '자연' 부인.

장 드 묑, 『장미 이야기』, 15세기,
런던 브리티시 도서관.

『데카메론』, 보카치오, 15세기,
프랑스 국립도서관.

▲『르네 왕의 기마시합의 책』, 15세기, 프랑스 국립도서관.

▶ 리모주 시의 고위 관리 세 사람이 베리 공작에게 시의 열쇠를 내주고 있다. 『연대기』, 장 프루아사르, 브장송 시립도서관.

클리제스와 페니스의 사랑 이야기.
『배(梨) 이야기』, 13세기, 프랑스 국립도서관.

윤리적 철학적 차원의 사색들을 덧붙였다.

귀족과 부유한 부르주아들의 장서는 중세 말기 보카치오를 위시한 당대 작가들의 새로운 저작들로 한층 풍부해졌다. 피렌체 출신 작가 보카치오의 『데카메론』은 1351년에 완성된 후 얼마 지나지 않아 프랑스어로도 번역되었는데, 페스트를 피해 교외의 별장으로 달아난 일곱 명의 귀부인과 세 명의 청년이 소일 삼아 서로 들려준 100편의 이야기로 이루어져 있다. 그 내용은 궁정풍 사랑이지만, 에로틱하고 풍자적이기도 하다. 이 작품은 대중에게 곧 알려졌고, 수많은 모작을 낳았다. 1462년 부르고뉴 공작 필립 르 봉의 궁정에서 씌어진 『100편의 새로운 이야기』는 그 대표적인 예이다. 고대 문헌들의 번역과 인문주의자들의 초기 저작은 문예부흥과 새로운 시대로의 이행을 입증해준다.

어느 왕녀의 독서 인생

샤를 5세와 그의 동생 베리 공작의 장서는 중세 말 고위 귀족 계층의 독서 취미와 그 다양성을 보여준다. 그들은 오비디우스, 세네카, 플리니우스, 티투스 리비우스 등 고대 저자들의 번역본 외에도 여러 가지 학습서와 신앙 서적을 가지고 있었다.

중세 말 귀족 가문의 장서 내용을 보여주는 또 다른 예로 마르그리트 도트리슈의 사후에 작성된 도서 목록을 찾아볼 수 있다. 이 목록에 열거된 390권의 수서본 가운데서 다행히도 193권이 오늘날까지 남아 있으며, 그 대부분은 브뤼셀, 빈, 파리의 도서관들에 소장되어 있다.

합스부르크 가의 막시밀리안 1세와 부르고뉴 공작가의 상속녀 마리의 딸이었던 마르그리트는 1480년 1월 10일 브뤼셀에서 태어나 장차 미남대공 필립 1세[프랑스의 미남왕 필립 4세와는 다른 인물]가 될 오빠과 함께 유년기를 보냈다. 1483년 당시 12세이던 프랑스 왕세자 샤를과 약혼한 그녀는 네덜란드를 떠나 프랑스로 가야 했다. 1483년 6월 22일 앙부아즈 성에 당도한 그녀는, 1483년 8월 30일 루이 9세가 세상을 떠나자 프랑스의 아주 어린 왕비가 되어 당시 섭정을 하던 왕의 누나 안느 드 보죄의 양육을 받았다. 그러나 왕비가 된 이듬해인 1491년 샤를 8세가 브르타뉴 공국의 영토를 얻기 위해 자신과 이혼하고 안느 드 브르타뉴와 결혼하자 1493년 네덜란드로 돌아가 메켈렌에서 살았다. 1495년 1월부터는 아버지 막시밀리안 1세가 그녀를 카스티야 왕자 후안과 결혼시키기 위해 협상을 벌였고 1497년 1월에 다시 고향을 떠나 스페인으로 가서 왕자와 결혼했다. 그러나 9개월 뒤인 1497년 10월 4일, 새 남편 후안은 죽었고 1499년 네덜란드로 다시 돌아온 그녀는 1500년 겐트에서 조카(장차 카를로스 5세가 되는)의 세례식에 참가한다.

2년 후, 그녀는 또 사부아 백작인 필리베르와 결혼하기 위해 사부아로 떠났다. 결혼식은 1501년 12월 1일에 거행되었고, 이제 사부아 백작 부인이 된 마르그리트는 1504년 12월 1일 남편이 죽기까지

다소 평안한 삶을 몇 년간 지속하다가 남편이 세상을 떠나자 남편을 기리기 위해 화려한 교회를 짓기로 하고, 1506년 8월에 그 주춧돌을 놓았다. 그러다 동생인 미남대공 필립이 죽자 그녀는 다시 네덜란드로 불려갔고, 1507년 3월에는 조카 카를로스 5세의 섭정이 되었다.

마르그리트는 메켈렌에 살면서 단호하고 수완 좋게 통치력을 발휘했다. 1518년, 카스티야의 왕이 된 카를로스 5세는 고모에게 거대한 제국의 속주인 네덜란드의 통치를 맡겼다. 당대인들은 모두 이 현명하고 결단성 있는 여인의 정치적 수완을 칭송했다. 그녀는 1530년 11월 30일에서 12월 1일로 넘어가는 밤에 메켈렌의 자택에서 숨을 거두었고, 마지막 유언에 따라 1532년 사부아 백작 필리베르 곁에 묻혔다.

이 교양 있는 왕녀는 예술과 음악을 사랑했고, 책에 대해서는 진정한 열정을 지니고 있었다. 그녀는 평생 동안 수서본들을 주문하고 사들였다. 그녀의 장서는 그녀가 프랑스, 카스티야, 사부아, 네덜란드 등지에 머무르는 동안 입수한 책들로 이루어져 있다. 옛 서책들을 아꼈던 그녀는 아주 유명한 수서본들도 소장하고 있었으며, 그녀의 장서에서 단연 보석으로 꼽히는 것은 사부아에서 입수한 『베리 공작의 호화 시도서』이다.

예루살렘에 당도한 요셉과 마리아.

마르그리트 도트리슈의 『해제 성서』, 14세기,
프랑스 국립도서관.

정략결혼의 와중에서

오스트리아 대공 막시밀리안 1세(1459~1519)는 정략결혼을 통해 부르고뉴와 이베리아 반도까지 세력을 넓힘으로써 합스부르크가 중흥의 기틀을 마련한 인물이다. 그의 선조들이 13세기 말부터 황제이며 독일 왕, 그리고 오스트리아 대공으로서의 지위를 이어오기는 했으나, 부친 프리드리히 3세는 재력도 군사력도 없는 명목상의 황제에 불과했다. 그런 가문에 재기의 발판을 제공한 인물은 부르고뉴 공작 샤를 르 테메레르(1433~1477)였다. 부르고뉴 공작들은 4대째 영토를 확장해왔으며, 사실상 프랑스 왕국 내의 또 하나의 왕국을 이룩하고 있었다. 샤를 공작은 프리드리히 황제가 자신의 공국을 왕국으로 승격시켜주는 대가로 자신의 딸 마리를 프리드리히의 아들 막시밀리안과 결혼시키는 데 동의했다. 그런데 샤를 자신이 의외로 일찍 전사함에 따라, 마리(1457~1482)는 부르고뉴 공국의 유일한 상속녀로 남게 되었고, 프랑스 왕 루이 11세(1423~1483)는 부르고뉴 공국을 차지하기 위해 마리를 자신의 아들인 어린 왕세자 샤를(1470~1498)과 결혼시키려 했다. 막시밀리안은 곤경에 처한 약혼녀를 구하기 위해 겐트로 달려갔고, 열일곱 살의 왕자와 열아홉 살의 공주는 정략결혼의 와중에서 가장 로맨틱한 결혼을 하게 되었다. 막시밀리안은 새로운 영토를 지키기 위해 루이 11세와 대결한 끝에 프랑슈콩테와 네덜란드 지방을 획득하는 성과를 올렸다. 마리는 결혼 후 아들 필립(Philippe le Beau, 1478~1506)과 딸 마르그리트(Marguerite d' Autriche, 1480~1530), 두 남매를 두었으나 결혼한 지 5년 만에 사냥터에서 낙마하여 죽고 말았다. 상심한 막시밀리안은 다시금 부르고뉴를 공격해온 루이 11세와의 전쟁에서 패하고, 평화에 대한 인질로 마르그리트를 샤를 8세와 결혼시키는 데 동의했다. 열세 살짜리 왕에게 시집간 세 살 짜리 왕비는 이후 약 5년간 앙부아즈 성에서 왕의 누나인 안느 드 보죄(1462~1522)의 양육을 받았다. 그러나 안느는 1485~1488년 오를레앙 공작과 브르타뉴 공작과의 내전에서 승리를 거둔 후, 브르타뉴 공작령을 확실히 왕에게 귀속시키기 위해 브르타뉴의 마지막 공작 프랑수아 2세의 딸인 안느 드 브르타뉴(1476~1514)를 왕비로 삼고 마르그리트를 친정으로 돌려보내고 말았다. 막시밀리안에게는 이중의 손실이었던 것이, 아내 마리가 죽은 후 한동안 독신으로 있던 그가 두 번째로 결혼한 -형식적으로 결혼식도 거행한 터였다- 신부가 바로 안느 드 브르타뉴였기 때문이다. 첫 번째 결혼에서 그가 한때 경쟁자였던 샤를 8세를 사위로 삼은 데 이어, 두 번째 결혼에서는 사위에게 신부를 빼앗기고 딸은 소박맞는 결과가 되었으니, 정략 결혼의 와중에서나 있을 수 있는 일이다.

그 후 막시밀리안은 거부 스포르차의 딸과 결혼했으나 기대했던 이익은 얻지 못했다. 그 대신 그는 카스티야 여왕 이자벨 및 아라곤 왕 페르디난도와 겹사돈을 맺어, 자신의 아들 필립을 그들의 딸 후아나(1479~1555)와, 자신의 딸 마르그리트를 그들의 아들 후안(1478~1497)과 결혼시키는 데 성공했다. 후안의 이른 죽음으로 남성 상속자를 남기지 못한 채 이자벨 여왕이 죽자, 미남대공 필립 1세는 후아나의 계승권을 주장하여 아내와 함께 카스티야 왕위에 올랐으나 때 이르게 죽었다.

진작부터 정신이 온전치 못했던 후아나는 필립이 죽은 후 완전히 실성하여 아라곤 왕 페르디난도가 섭정을 맡게 되었고, 좀더 나중에는 아들 카를로스 5세(Charles Quint, 1550~1558)가 역시 후아나 여왕이 제정신으로 돌아오면 왕위를 내놓는다는 조건으로 즉위했다. 이 카를로스 5세가 부친으로부터 네덜란드와 프랑슈콩테, 모친으로부터 카스티야, 외조부로부터 아라곤 및 해외식민지들 그리고 조부로부터 오스트리아에 있는 합스부르크가의 영지를 물려받고 신성로마제국 황제가 된 인물이다. 그리하여 합스부르크가는 이베리아 반도에서 동유럽에 이르는 광대한 영토를 지닌 제국의 주인으로 군림하게 된 것이다.

마르그리트 도트리슈,
세 살 때의 초상화.

Et finablement deuons
considerer que se fortu
ne perseueroit tousiours
a ung propos ce seroit

그녀의 장서 내역은 중세 말기부터 르네상스 초기에 이르는 교양 있는 독자의 취향을 여실히 반영한다. 거기에는 물론 성서와 종교 서적도 있다. 그녀의 『해제 성서』는 1340~1350년 사이에 앙주 왕가의 일원을 위해 제작된 것으로, 마르그리트는 어린 시절 프랑스에서 그것을 받았으며, 거기에 아직 어린 소녀의 불안정한 필체로 시녀들의 명단을 써두었다. 좀더 나중에는 네덜란드에서 기야르 드 물랭의 『역사 성서』도 샀는데, 이것은 1415~1420년 사이에 파리에서 제작된, 이미 오래된 책이었다. 그녀는 1500년경 네덜란드 남부에서 호화로운 채식화가 들어가는 시도서를 주문했다.

그녀는 사부아에서도 라틴어와 프랑스어로 된 기도집을 샀는데, 이것은 1496~1497년경에 수많은 흑백 세밀화로 장식된 것이다. 그녀의 장서는 여러 권의 도덕 논저로 더욱 풍부해진다. 유명한 성인전인 야코포 다 바라체의 『황금 전설』도 갖고 있었는데, 그녀의 사본은 15세기 초 파리에서 필사, 채식된 것이었다. 마르그리트 도트리슈는 음악을 사랑했고, 그녀의 장서에는 속인으로서는 드물게도 여러 권의 합창곡집, 미사용 다성악 책 등도 포함되어 있다.

마르그리트 도트리슈의 초상화.

『모든 번영에 있어 운세의 변화』,
미켈레 리치오, 16세기,

마르그리트는 당대인들과 마찬가지로 역사에도 관심이 많았다. 그녀는 사부아에서 『카이사르까지의 고대사』를 입수했는데, 이 사본이 한층 귀중한 것은 1270~1280년 사이에 성왕 루이가 성지(聖地)에 세운 생장다크르 수도원의 스크립토리움에서 필사, 채식된 것이 분명하기 때문이다. 그녀의 장서를 특히 빛내는 것은 1416~1420년 사이에 제작된 노르망디 출신 기사 장 드 쿠르시의 『부크샤르디에르 연대기』인데, 이 책은 고대사에 대한 역사적 윤리적 시각을 보여준다.

바벨론 건설.

장 드 쿠르시,
『부크샤르디에르 연대기』,
15세기, 브뤼셀 왕립도서관.

바벨탑의 건설.

『베드포드 시도서』, 1423~1430년,
런던 브리티시 도서관.

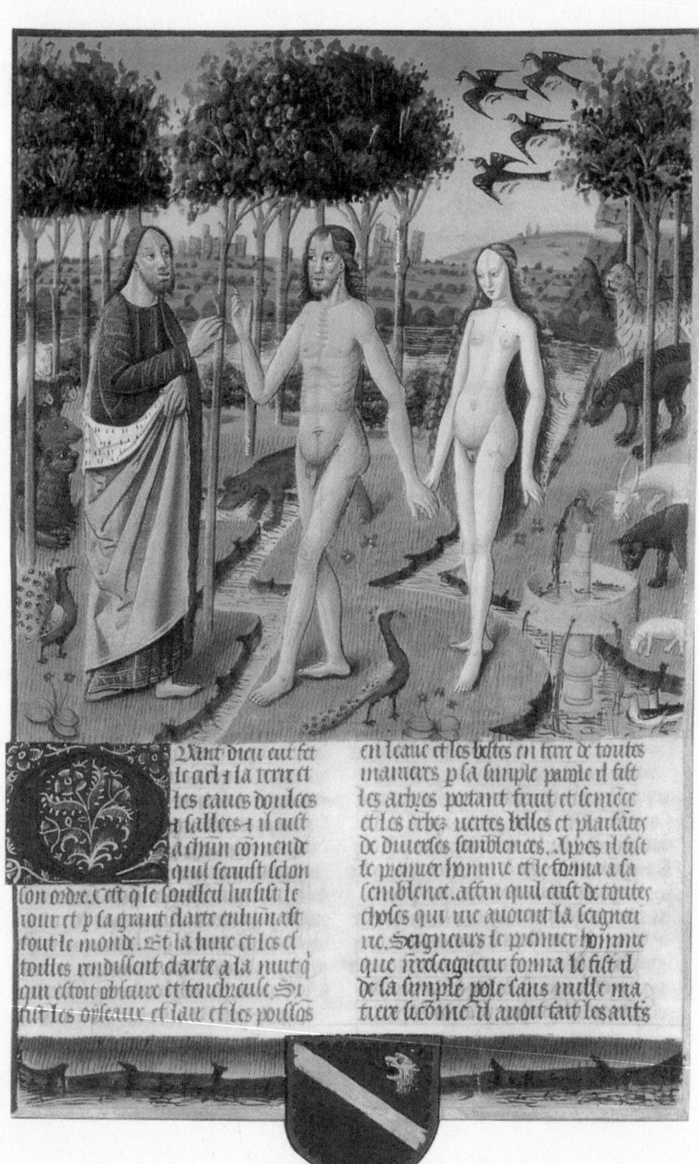
Quant dieu eut fet le ciel et la terre et les eaues doulces et salees et il eust a chun commende quil servist selon son ordre. Cest q le souleil luisist le iour et p la grant clarte enlumīast tout le monde. Et la lune et les estoilles rendissent clarte a la nuit qui estoit obscure et tenebreuse. Si fist les oyseaux en lair et les poissos en leaue et les bestes en terre de toutes manieres p sa simple parole il fist les arbres portant fruit et semēce et les erbes vertes belles et plaisātes de diverses semblences. Apres il fist le premier homme et le forma a sa semblence. affin quil eust de toutes choses qui vie avoient la seigneurie. Seigneurs le premier homme que nrēseigneur forma le fist il de sa simple pole sans nulle matiere sicomme il avoit fait les autres

그녀는 또한 『로마인들의 행적』이라는 제목의 수서본과 장 망셀의 『역사의 꽃』을 가지고 있었다. 창세 때부터 샤를 6세까지의 세계 역사를 다룬 장 망셀의 이 책은 네 권으로 된 방대한 저작으로, 중세 말에 대단히 유행하여 오늘날도 50부 이상의 사본이 남아 있다.

마르그리트 도트리슈는 특히 '브리튼 설화'를 좋아해서, 아름답게 채식된 수서본을 많이 가지고 있었다. 네덜란드에서는 『성배 사화』와 그 속편인 『메를랭 이야기』를 입수했다. 과학적 저작과 백과사전은 그녀의 장서 중 비중이 낮은 편이었지만 브루네토 라티니의 『과학 보전』의 프랑스어 번역본은 가지고 있었으니, 13세기 피렌체 출신의 이 문사는 과학을 대중화하는 데 크게 기여했던 듯하다.

그녀는 당대에 씌어진 책은 별로 읽지 않은 것 같다. 그녀의 장서 가운데 『데카메론』의 프랑스어 번역본이나 라울 르페브르의 『야손 이야기』, 15세기에 씌어진 기사도 이야기인 『장 다벤의 이야기』 등이 발견되는 것은 놀라운 일이 아니다.

그녀의 장서 가운데 인문주의를 대변하는 인물은 레오나르도 브루니이다. 그녀는 피렌체 공화국의 기사인 이 저자의 『제1차 포에니 전쟁에 대하여』의 프랑스어 번역본을 한 부 갖고 있었다. 그녀의 장서를 완성하는 것은 당대의 저자들이 그녀에게 헌정한 책들이다.

지상낙원.

『카이사르까지의 고대사』, 15세기,
브뤼셀 왕립도서관.

Or estoient
les naues
des Rom
mains for
tes et roi
des mais tardiues et pou
conuenables pour legere
ment courir par mer. Mais
celles des cartagiens estoi
ent legieres et de grant
velocite pour quoy les Ro
mains en ceste partie doub
teurs pour oster a leurs e
nemis la faculte de courir
par mer furent engins qu'ilz
appellerent corbeaux et en
appliquerent huit a chas
cune nef. Ces engins

네덜란드에서는 1493~1497년 사이에 『프랑스의 불행』이라는 제목의 수서본을 헌정 받았는데, 이것은 미남대공 필립의 백성들에게 단결을 고취하고 왕녀의 미덕을 칭송하는 정치적인 시가였다. 그 시대의 가장 유명한 작가 중 한 사람이었던 장 르메르는 그녀를 기리는 『진주관』이라는 작품을 썼는데, 이것은 1504~1505년 사이에 왕녀의 장점들을 기리고 과부가 된 그녀의 고통을 위로하는 산문과 운문으로 된 작품이다. 『마르그리트 도트리슈의 비탄』은 1504년에 같은 주제로 익명의 저자에 의해 씌어진 작품이다. 이탈리아 인문주의자 미켈레 리치오는 프랑스왕 루이 11세를 따라가 그의 고문이 되었는데, 그녀에게 『모든 번영에 있어 운세의 변화』라는 책을 헌정하여, 그녀의 연이은 불행을 위로하고 거기서 윤리적 교훈을 끌어낸다. 레미 뒤 퓌는 1515년 4월 18일 왕녀를 위해 『샤를 왕의 브뤼헤 입성』을 회고한 글을 써서 호화롭게 채식된 수서본을 바쳤다.

마르그리트 도트리슈의 모든 책은 제작년도와 상관없이 필체가 꼼꼼하고 장식이 화려하다는 공통점을 지닌다. 이 아마추어 예술 애호가에게는 독서의 즐거움 못지않게 책 자체의 아름다움도 큰 즐거움을 주었을 것이다. 중세 말의 애서가들에게는 글과 그림이 사실상 떼려야 뗄 수 없는 관계였다.

로마의 배들.

『제1차 포에니 전쟁에 대하여』,
레오나르도 브루니, 15세기,
프랑스 국립도서관.

In manus tuas domine commendo spiritum meum. Redemisti me domine deus veritatis.
ilexi quoniam ex
audiet dominus:
vocem orationis mee.

CHAPTER 04

책과 화공들

심판관 앞에서 고뇌하는 망자.

천사와 악마가 그의 영혼을 놓고 다투고 있다.
『로앙 시도서』, 15세기, 프랑스 국립도서관.

중세의 수집가들이 그토록 귀하게 아꼈던 책이라는 물건은 예술적 표현의 주된 수단이기도 했다. 수서본의 장식에는 최고의 화공들이 참여했는데, 대부분은 익명이라 『로앙 시도서』의 삽화가가 '메트르 드 로앙'[로앙의 명장(明匠)], 『베드포드 시도서』의 삽화가가 '메트르 드 베드포드'로 불리는 식이었다. 수서본의 삽화는 오늘날까지도 중요한 문화재에 속하는데, 도서관 서고 깊은 곳에 엄중히 보관되어 특별 전시회라도 열리지 않고는 일반 대중이 구경하기 어렵다. 그래도 수서본에 그려진 그림의 상당수는 널리 알려져 있으니, 가령 중세를 생각할 때면 떠오르는 제후들이나 성채의 이미지는 랭부르 형제가 베리 공작의 『호화 시도서』에 그린 호화로운 월력(月曆)의 그림에 나오는 것들이다.

책과 그림

중세 예술가들의 창조력은 주문자들의 구체적인 요구사항이나 정형화된 관습을 준수했다. 화공이 삽화의 주제나 도상들의 배치를 선택하는 일은 드물었다. 그는 전통적인 도상 체계에 따라야 했으며, 자율성을 발휘할 여지가 별로 없었다. 다만, 수서본의 여백이 여타의 조형 예술에는 존재하지 않는 자유로운 공간이 될 수 있었을 뿐이다. 그러나 이런 한계에도 불구하고 늘 새로운 이미지와 스타일이

성서.

14세기, 랭스 시립도서관.

시편집을 위한 그림 견본집.

에브뢰 시청각자료실.

133
golias
philisteus

생겨났으므로, 수서본들을 소장한 도서관들은 그야말로 중세 회화의 박물관이라 할 만하다.

채식사의 작업

채식사가 어떤 식으로 작업했던가는 채식 기술을 논하고 화공들에게 물감 만드는 법을 알려주는 일련의 책들을 통해 알려져 있다. 그 가운데 가장 오래된 것은 12세기의 수도사였던 테오필의 논저 『다양한 기예 일람』인데, 로만 시대의 기예 전반을 소개한 이 책은 채식에 대해서도 상당한 지면을 할애했다. 좀더 자세한 정보는 중세 말 이탈리아에서 나온 두 권의 논저에서 찾아볼 수 있다. 그 중 한 권은 1350~1400년 사이에 필사된 사본으로 나폴리에 보관되어 있는 익명 저자의 『채식 기술에 대하여』이고, 다른 한 권은 14세기 말 화공 첸니노 첸니니가 쓴 회화론인데 그 가운데 다섯 문단이 채식에 관한 것이다. 프랑스에서는 어떤 화가도 제자들에게 이런 조언을 남기지 않았으나, 왕실 조폐소의 서기이자 애서가이며 그림에도 관심이 많았던 장 르 베그라는 이가 1398년경 파리에 살았던 요한네스 알케리우스라는 이탈리아 화가의 조언집을 1431년에 필사한 것이 전한다.

이런 논저들을 통틀어 보면, 채식사들이 사용했던 물감이나 기타 재료들을 꽤 소상히 알아낼 수 있다. 필경사가 필사 작업을 끝내고 채식이 들어갈 자리를 정해놓으면, 수서본은 채식 장인의

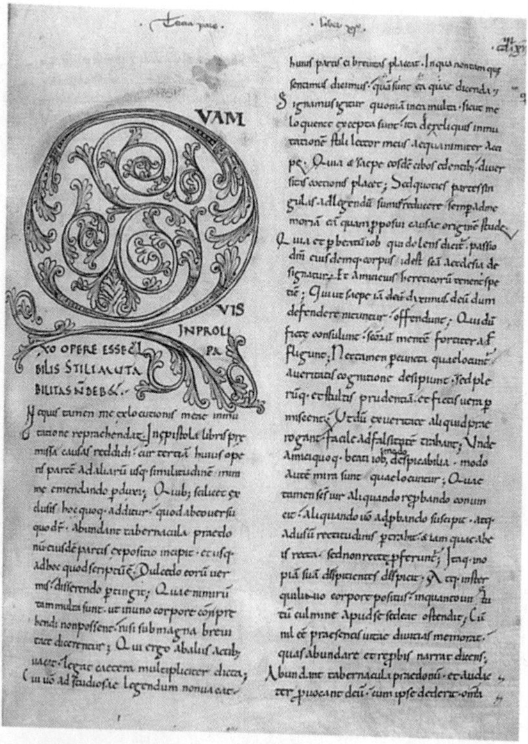

『욥기 훈화』,
대(大)그레고리우스, 12세기,
아브랑슈 시립도서관.

『계시록 주해』, 생세브르,
11세기, 프랑스 국립도서관.

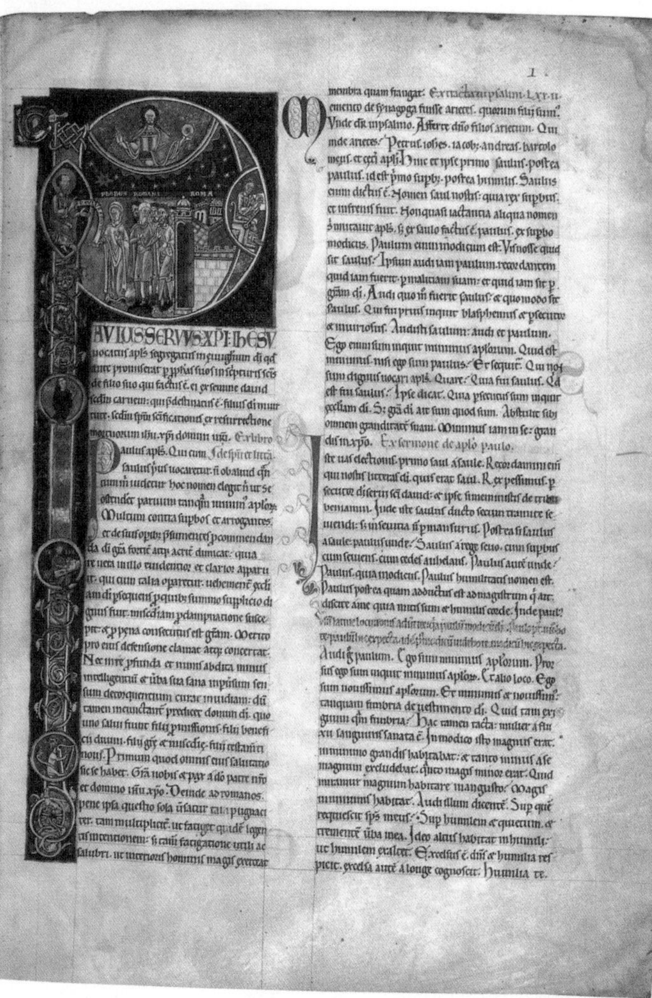

『바울 서신 주해』, 플로루스,
12세기, 프랑스 국립도서관.

유명한 번역가이자 작가였던 장 미엘로가
양피지에 글을 쓰는 모습.
『노트르담의 기적』, 1456년경, 프랑스 국립도서관.

공방에 맡겨진다. 그런 단계의 수서본 하나가 에브뢰 시립도서관에 소장되어 있는데, 거기에는 시편집 삽화로 다윗왕의 그림 일곱 장이 들어가도록 되어 있다. 채식사가 작업하기 쉽도록 주문자 또는 필경사가 채식사에게 그려야 할 주제에 관해 여백에 짤막한 지시를 남겨두는 것이 상례였다. 수서본이 완성되면 그런 지시문은 지워졌다. 책이 대형판이거나 새롭고 복잡한 그림이 필요할 때는, 거창한 도상 계획이 수립되기도 했다. 가령 14세기 초에 한 도미니쿠스회 수도사가 『벨빌의 성무일과서』의 삽화를 맡은 파리의 채식사 장 퓌셀(Jean Pucelle)을 위해 남긴 지시문이 좋은 예이다. 훗날 올리비에 드 클리송 5세 원수(元帥)의 모친 잔느 드 벨빌의 소유가 된 이 책의 원(原)주문자들은 양대 탁발교단인 도미니쿠스회와 프란치스쿠스회 출신의 신학자들로, 교회인들의 자문을 구해 그림의 주제, 그 주제를 나타내는 방법, 그림의 위치 등을 정했으며, 때로는 그런 지시문에 덧붙여 간략한 스케치를 남겨두기도 했다.

중세 초기인 650~1100년 사이에는 아직 이런 식의 작업은 이루어지지 않았다. 수도원의 스크립토리움에서 전례용 수서본을 필사하고 채식하는 수도사들은 전혀 독창성을 추구하지 않았다. 훌륭한 채식사는 자기 수도원에 있는 아니면 다른 수도원에서 빌려온 유명하고 권위 있는 수서본을 그대로 베끼기만 하면 되었다. 이 시대에 사용된 견본집은 발견되지 않았지만, 그렇다고 해서 그런 견본이 아주 없지는 않았을 것이다. 하여간, 이 시기에는 도상을 선택하고 재현하는

결혼식 모습이 담긴 이니셜 E.

『베드포드 시도서』, 1414~1423년경,
런던 브리티시 도서관.

데에 수도원장의 역할이 우선적이었던 것으로 보인다.

13세기에 들어 속인들이 운영하는 공방들이 생겨나면서 채식에는 새로운 관행이 도입되었고, 견본집의 사용이 일반화되었다. 페이지의 여백이 채식사의 자유로운 공간으로 남겨지게 되면서, 예술가는 마음껏 상상을 펼칠 수 있게 되었다.

13세기 이탈리아에서 화판에 그림을 그리기 시작한 관행이 서구 전역으로 퍼져나가면서, 14세기 채식사의 작업에도 변화가 생겼다. 화판에 그려진 그림은 곧 수서본의 그림을 대신하게 되었고, 채식사들은 점차 화판에 그려진 그림을 모방하게 되었다. 가령, 유명한 화공 장 퓌셀은 이탈리아를 여행했는지, 1300년대 시에나의 화풍에서 많은 영감을 얻었다. 1315~1318년경 『잔느 데브뢰의 시도서』에 그린 세밀화들에서, 그는 그 직전인 1312년 시에나 대성당의 중앙 제단 뒷벽에 두치오가 그렸던 「마에스타」를 그대로 모사했다. 이처럼 신속한 전파는 놀라운 일이 아니었다. 당시 수많은 예술가들은 장 푸케(Jean Fouquet)가 그랬듯이 화가이자 채식사였기 때문이다. 이 두 가지 직업은 딱히 구별되지 않았다.

채식사들이 활발히 돌아다니게 되면서 예술가들은 서로의 경험을 교환했다. 14세기에 파리는 플랑드르며 이탈리아 출신의 채식사들이 모여드는 국제적인 중심지였다. 책은 유럽 북부와 남부 사이의 사치품 교역에 잘 어울리는 상품이었다. 브뤼헤는 수서본 특히 시도서 제작의 중심지가 되었고, 브뤼헤에서 만들어진 시도서들은

하루 동안의 성무일도가 그려진 시도서.

왼쪽 페이지에는 예수가 체포 당하는 장면이 실려 있고, 오른쪽 페이지에서 수태고지의 장면과 함께 조과(朝課)가 시작된다. 『잔느 데브뢰의 시도서』, 장 퓌셀 채식, 1325~1328년, 뉴욕 메트로폴리탄 미술박물관.

전 유럽의 귀족과 부르주아들에게 팔려나갔다. 중세 말에는, 목판 인쇄와 동판 인쇄의 발명 덕분에, 그림 견본들이 싼값에 널리 퍼졌다. 이 무렵 채식된 수서본의 유행은 최고조에 달했고, 보다 싼값에 많은 수요를 충족시키기 위해 제작이 표준화되는 경향이 있었다. 공방 안에서도 분업이 이루어져서 머리글자의 채식, 테두리 채식, 본문 삽화 등이 각기 다른 채식사에게 맡겨졌다.

일단 필경을 마친 수서본은 테두리와 머리글자를 장식하는 미니아토르(miniator)에게 넘겨졌다가, 견본을 사용하여 그림을 그리는 본문 화가의 손을 거쳐, 좀더 진한 물감을 사용하는 수채화가에게로 넘어갔다. 이 물감은 아라비아 고무나 달걀흰자를 섞은 물에 풀어서 썼는데, 염료의 출처는 금속 혹은 식물이었다. 흰색은 산화납이었고, 청색은 중세 말에 가장 유행한 빛깔이었다. 첸니노 첸니니는 자신의 회화론에서 청색을 열렬히 예찬했다. "청색은 고귀하고 아름답고 다른 어떤 빛깔보다도 완벽한 빛깔로, 아무리 찬사를 늘어놓는다 해도 충분치 않을 것이다." 그러나 청색은 '라피스-라줄리'라는 준보석에 해당하는 동방의 돌에서 추출하는 것인 만큼 값이 매우 비쌌으므로, 선뜻 사용하지는 못했다. 덜 비싼 청색도 있기는 했지만, 구리나 식물에서 추출하는 청색들은 라피스 라줄리의 청색만큼 산뜻하지 못했다. 녹색도 산화동(銅)에서 추출하는 것 아니면 야생자두의 녹색이었다. 빨간색은 산화철 혹은 산화납에서 얻었고, 주색(朱色)은 황화수은에서 추출되었다. 갈색은 흙에서 얻었고,

15세기의 한 시도서에서
발견되는 테두리 장식의 세부.

랑 시립도서관.

노란색은 황화비소였다. 물감을 칠한 후, 화가는 가느다란 금빛 선으로 하이라이트를 표시하거나 아니면 옷의 주름을 표현해서 그림에 입체감을 더했다.

삽화의 몫

채식하는 화공에게 맡겨지는 수서본의 공간은 크기도 위치도 다 달랐다. 책의 장식은 대개 텍스트의 주요 구분을 표시하는 머리글자의 장식으로 시작된다. 때로는 필경사가 그 윤곽을 잡아놓고 채식사에게 장식만을 맡기기도 했다.

중세 초기에는 성스러운 텍스트 자체가 중요시되었으므로, 수도원의 스크립토리움에서 제작되는 수서본들에 항상 채식이 들어가는 것은 아니었다. 채식은 수도원 성당의 합창대석 앞의 보면대에 놓이는 큰 성서처럼 특별한 미장본에만 들어가곤 했다. 대개 그림은 해당 텍스트가 실린 단 중간이나 텍스트 처음 또는 첫 글자에 들어갔고, 두 단에 걸쳐 들어가는 경우는 드물었다. 로만 시대에는 머리글자를 동식물의 문양으로 장식하는 것이 유행이었지만, 때로는

빨간색의 배경이 화려함과 생동감을 더해준다.

작가 대(大)플리니시우스가 티투스 황제에게
헌사가적힌 두루마리 책을 건네고 있다.
『박물지』, 13세기, 피렌체 메디치로렌초 도서관.

채식된 페이지.

『겔로네 성례전』, 9세기, 프랑스 국립도서관.

십자가에 못 박힌 그리스도.

『겔로네 성례전』, 9세기, 프랑스 국립도서관.

텍스트와 아무 상관도 없는 장면을 보여주는 때도 있었다. T자는 십자가 장면을 나타내기에 적당했고, I자는 성인들의 조각상 모양을 그려 넣기 좋았으며 O, P, Q 등은 극히 다양한 그림을 그려 넣을 공간을 제공했다.

13세기부터는 글자에 더해지는 장식이 점차 독립성을 띠어 가장자리 전체를 차지하는 반면 머리글자 자체는 좀더 간략하게 정형화되었다. 14세기 프랑스와 영국에서는 테두리 장식이 최고조에 달했는데, 성스러운 모티프와 세속적인 모티프, 산문적인 모티프와 외설적인 모티프를 병치하기도 했다. 여백은 채식사들의 상상에 내맡겨진 자유로운 공간이 되었다. 채식사들은 여백을 동식물의 모티프로 장식하거나, 속담이나 말장난, 짧은 이야기 등에서 영감을 얻은 일상생활의 장면들이나 희극적·환상적·교화적 이야기를 그려 넣었다. 15세기에는 테두리 장식이 거의 정형화되어서, 어느 책에나 아칸서스나 포도잎이 그려졌고 주문자들은 자기 가문의 상징인 꽃이나 문장을 넣기를 좋아했다.

문자 채식사와 테두리 채식사가 작업을 마치면, '이야기'를 그리는 화공이 페이지 전체 혹은 절반에 걸친 삽화를 그려 넣는 것으로 수서본의 채식을 마치게 된다. 직사각형인 책의 형태 덕분에 채식사는 마음껏 회화적 구성을 할 수 있었다. 페이지 전체에 그려진 삽화는 이미 복음서 같은 아주 오래된 수서본들에서도 찾아볼 수 있다. 또한 카롤링거 시대의 삽화들 중 복음서의 경우 기자의 초상화나 수서본의 주인이 될 황제 또는 왕의 초상화가 그려졌다. 이런 인물 초상들은 고대 철학자나 시인을 모방해 건축적 틀 속에 그려지기도 했다.

로만 시대 또는 고딕 시대 수서본의 채식사들은 전면 삽화의 공간을 이용하여 그리스도와 성모, 성인들의 생애의 장면들을 그렸다. 중세 말기에 좀더 뛰어난 화가들에게는 그런 공간이 마음껏 재능을 발휘하는 자리가 되었다. 가령, 장 푸케가 『에티엔 슈발리에의 시도서』에 그린 그림은 중세 프랑스 회화의 걸작에 속한다. 샤를 7세의 측근이었던 부유한 주문자 에티엔 슈발리에가 1474년 작고하자, 장은 그를 위해 좌우 두 페이지에 걸친 그림을 그렸다. 주문자는 왼쪽 페이지에 무릎을 꿇고 있고, 천사들의 합창대와 그의 수호성인이 그를 아기 예수와 성모에게 소개하고 있다. 페이지 전면에 걸친 이 그림들은 중세 말기 특유의 건축적 틀 속에 들어가 있어 인물들을 한층 부각시킨다. 당시 이런 구성은 회화의 아마추어들이 무척 좋아하는 별도의 작품으로 인식되었다. 중세 말에는 수서본과는 상관없이 낱장 종이에 그려진 채식화들이 거래되기도 했다.

중세 채식

초기의 채식사들

중세 초기에 만들어진 현존하는 가장 오래된 수서본들에서도 이미 채식을 찾아볼 수 있다. 특히 앵글로색슨 섬 지방에서 만들어진 수서본들은 독특한 '섬 스타일'의 채식을 발전시켰다.

아일랜드는 5세기에 패트릭 성인에 의해 복음화되었다. 아일랜드 기독교는 본래 몇몇 권위 있는 수도원들 주위에 집중되었으며, 이 수도원들이 중세 최초의 채식 수서본들을 제작한 예술과 문화의 중심지였다. 이오나, 린디스페임, 더로우 등지의 스크립토리움들은 이른바 '반(半) 옹시알'체라 불리는 서체로 필사된 미려한 복음서들을 만들어냈는데, 이 수서본들은 기하학적인 그림, 켈트풍의 엮어짜기 무늬와 소용돌이무늬로 장식되었다. 각 복음서의 첫머리에 실린 '양탄자 페이지'[순수한 장식적 구성으로 채워져 마치 동방의 양탄자처럼 보이는 페이지]에서 화공들은 자신들의 장식적 재능을 최대한 발휘했다. 698년 앵글족의 윌리브로드가 독일에 창설한 에흐테르나흐 수도원에서 만들어진 『에흐테르나흐 복음서』는 분명 그가 710년경 영국으로부터 가져간 것이었을 터이다. 오늘날 이 수서본은 프랑스 국립도서관에 소장되어 있는데, 각 복음서의 첫머리에 복음서 기자들의 상징적 초상을 싣고 있다. 페이지 전면에

엮어짜기 무늬의 장식.

더로우의 대수도원에서 채식됨, 7세기,
더블린 트리니티 대학도서관.

성 마가의 사자.

『에흐테르나흐의 복음서』, 8세기,
프랑스 국립도서관.

복음서 기자 마태를 상징하는 인간.

『에흐테르나흐 복음서』, 8세기,
프랑스 국립도서관.

걸쳐 있는 이 그림들에서, 인간의 형상도 일련의 엮어짜기 무늬로 되어 있다. [229쪽 그림 참고]

아일랜드와 영국 수도사들의 대륙 선교 덕분에 메로빙거 왕조 시대의 프랑스는 이 독특한 스타일을 접하게 되었다. 그 영향은 아일랜드 수도사 콜룸반이 프랑스 동부에 세운 뤅쇠유 수도원에서 만들어진 초기 수서본들에서도 느껴진다. 프랑스 북서부의 코르비 수도원에서 필사되고 채식된 수서본들 역시 같은 스타일이 엿보인다(오른쪽 그림 『헥사메론』 참고). 이런 책들의 장식은 커다란 머리글자에 집중되어 있으며, 그 장식은 새와 물고기들로 이루어져 있다.

메로빙거 시대 말기의 채식에서 마지막 두 편의 걸작은 800년경 제작된 『겔로네 성례전』과 『코르비 시편집』이다. 전자는 섬 지방 스타일에서 영감을 얻은 커다란 머리글자를 보여주지만, 미사 캐논 중에 나오는 Te Igitur의 T에 십자가 장면과 아름다운 성모를 그려 넣은 독창적인 구성이 돋보인다. 『코르비 시편집』은 로마 시대 석관의 장식적 모티프에서 영감을 얻은 것으로 카롤링거 왕조의 르네상스를 예고한다.

샤를마뉴는 자기 제국의 위엄을 확고히 하기 위해 서체의 혁신을 일으켜서 좀더 둥글고 읽기 쉬운 서체를 만들게 했으며, 그것은 그의 이름을 따서 '카롤린 서체'라 불린다. 그는 스크립토리움들을 격려하여 수서본들을 재검토하고 라틴어를 교정하고 화려하게 필사하도록 했다. 이러한 문화적 부흥에 색채 예술도 함께 했다. 스크립토리움들은 회화의 중심지가 되었으며 고대 미술에서 영감을 얻었다.

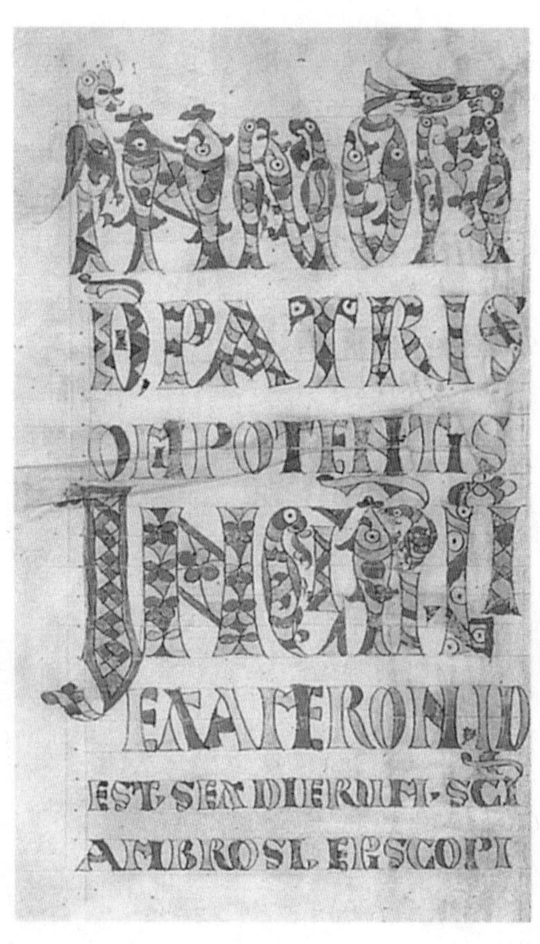

『헥사메론』,
성 암브로시우스, 9세기, 프랑스 국립도서관.

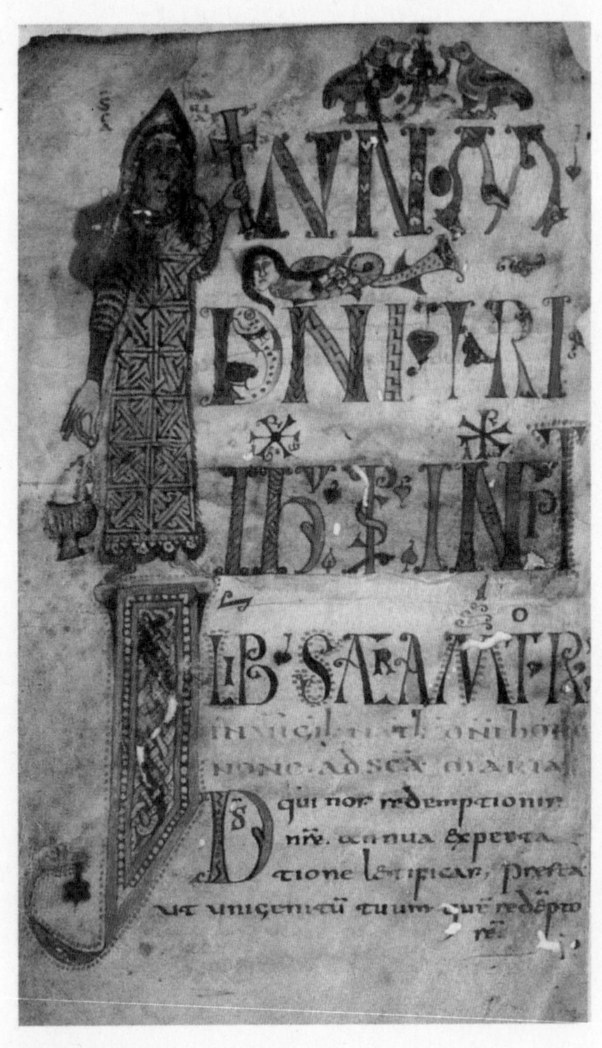

성모 또는 교회.

『겔로네 성례전』, 9세기, 프랑스 국립도서관.

『코르비 시편집』, 9세기.

황제가 필경사 고디샬크에게 제작을 위임한 『복음서』는 783년 이전에 완성되었다. 이 수서본을 장식하기 위해 화공은 비잔틴 미술에서 영감을 얻었다. 그는 당시까지는 알려져 있지 않던 '생명의 샘'이라는 도상적 모티프와 그리스도의 알레고리적 이미지를 서구에 도입했으며, 이는 카롤링거 왕조의 수서본들에서 큰 성공을 거두었다. 복음서 기자들은 그리스 로마 전통에 따라 사실적인 자세로 재현되었고, 이는 켈트 스타일의 추상화와는 거리가 멀었다. 795년부터는 책에 대한 샤를마뉴의 열정 덕분에 엑스라샤펠의 궁전 경내에 필사 및 채식 공방이 설치되었다. 경건왕 루이 1세가 수도원에 헌정한 『생메다르드수아송 복음서』는 샤를마뉴 시대에 제작되었으며, 엑스라샤펠에 꽃피었던 궁정 예술을 잘 보여준다. 생명의 샘 모티프는 고대 그리스-로마의 영향을 받아 고전적으로 표현되어 있다. 경건왕 루이 1세의 재위 시에도 엑스라샤펠 궁정은 여전히 채식의 중심지였지만, 더 이상 유일한 중심지는 아니었다.

황제의 유형제였던 에본(Ebbon)은 816년부터 랭스 대주교가 되어 에페르네 근처에 있던 오빌레르 수도원 안에 스크립토리움을 두고 많은 수서본을 제작했으며, 오늘날 에페르네 시립도서관에 소장되어 있는 『에본 복음서』로 대표되는 카롤링거 채식의 많은 걸작들을 만들어냈다. 823년 이전에 대주교를 위해 제작된 이 복음서는 복음서 기자 네 명의 초상화로 장식되어 있는데, 고대의 영향이 뚜렷하지만 힘찬 스타일로 쉽게 알아볼 수 있다. 845년, 에본의

『고디샬크 복음서』, 성 누가, 9세기,
프랑스 국립도서관.

뒤를 이어 앵크마르(Hincmar)가 랭스 대주교가 되었으며, 『앵크마르 복음서』로 샹파뉴 지방 스크립토리움의 전성기는 막을 내리게 된다.

생마르탱 드 투르 수도원은 카롤링거 채식이 번성했던 두 번째 중심지이다. 샤를마뉴는 자신의 고문이었던 영국 출신의 학자 알퀸을 그곳 수도원의 원장으로 보냈다. 카롤링거 르네상스의 주역 가운데 한 사람이었던 알퀸은 수도원의 스크립토리움을 활성화했지만, 그가 수도원장으로 있는 동안은 채식이 별로 없는 수수한 수서본들이 주로 만들어졌다. 투르의 채식이 전성기에 달한 것은 843~851년 사이 비비엥(Vivien)이 수도원장으로 있던 동안이었다. 경건왕 루이1세의 아들로 프랑스 왕이 된 대머리왕 샤를을 위해 제작된 『대성서』는 위용을 과시하며 좌정한 왕에게 수도원장이 수서본을 바치는 장면을 그린 그림으로 표지 전면이 장식되어 있다. 『로테르 복음서』도 849~851년 사이에 투르에서 제작되었으며, 로테르가 로마식으로 좌우에 군사를 거느리고 좌정하고 있는 초상화를 보여준다. 이 수서본의 그림을 그린 채식사는 랭스 스크립토리움 출신으로, 『대머리왕 샤를의 성서』와 같은 왕의 『시편집』의 채식에도 참여했던 듯하며, 이 『시편집』에 그려진 왕의 초상도 그의 작품으로 보인다.

카롤링거 회화의 마지막 중심지는 메츠로, 그곳 주교는 샤를마뉴의 사생아였던 드로공(Drogon)이었다. 드로공은 826년부터 855년 사이에 메츠 대주교를 지내면서, 성례전을 제작하게 했는데, 이 수서본은 스타일에 있어 랭스 스크립토리움의 스타일과 아주

『에본 복음서』, 성 마태오, 9세기,
에페르네 시립도서관.

『에본 복음서』, 성 마태오, 9세기,
에페르네 시립도서관.

비비엥 수도원장이 대머리왕
샤를에게 성서를 바치는 장면.
『대머리왕 샤를의 성서』, 9세기,
프랑스 국립도서관.

무덤가의 여인들.

드로공의 지휘 아래 제작된 성례전, 9세기,
프랑스 국립도서관.

성 토마스.

『생마르시알 드 리모주의 독송집』, 10세기.

비슷하다. 어쨌든 이 수서본이 카롤링거 채식의 마지막 발현이었다.

제국이 내분과 노르만 족의 침입으로 와해되자, 강력한 후원자들이 사라지면서 채식 공방의 활동도 주춤해졌다. 또한 바이킹족이 수도원을 공격하는 일이 빈번해지면서 수도사들도 수서본들도 뿔뿔이 흩어졌고, 10세기는 책이 귀한 시대가 되고 말았다!

수서본과 로만 예술

오토 1세가 세운 신성로마 제국은 라이헤나우, 풀다 등지의 수도원과 쾰른, 트리어, 잘츠부르크 등의 주교 관구에 채식 공방을 설치하고 카롤링거 전통을 이어나갔다.

같은 시대 프랑스에서는 바이킹족의 침략 때문에 카롤링거 시대의 수서본 채식 기술이 사라지다시피 했다. 도서관과 스크립토리움들은 흩어졌으며, 10세기 후반 일어난 예술의 쇠퇴로 이 시대의 채식은 기하적이고 추상적인 문양을 주로 하는 카롤링거 시대 이전의 섬 스타일로 돌아갔다.

11세기에는 클뤼니 수도원을 시작으로 프랑스에 수도원 개혁이 일어나면서 스크립토리움도 활성화되었다. 로만 예술 초기의 채식은

성령강림절.

『클뤼니 독송집』, 11세기,
프랑스 국립도서관.

VDI
VI
MVS
FRATRES

다양한 스타일과 지방색을 특징으로 하는데 우선, 수서본의 채식을 맡은 화공들은 가장 가까운 지역의 모델에서 영감을 얻었다. 가령, 브르타뉴의 채식은 영국의 영향을 받았고 이 영향력은 프랑스 북서부 전역으로 퍼졌다. 이베리아 반도 북부의 작은 기독교 왕국들로 피신한 모자랍[아랍 지배 하의 스페인 기독교도]의 채식은 프랑스 남서부 특유의 생생한 색채와 모티프를 가져왔고, 이탈리아 채식은 남동부와 동부에서 빛을 발했다. 이런 동화의 시기가 지나고 채식 공방들은 각기 고유한 스타일을 개발하고 독창적인 성격을 발전시켰다. 그들은 장식 문자를 선호했지만, 그러면서도 전면 삽화도 배제하지 않았다.

프랑스 남부에서 가장 중요한 예술적 중심지는 분명 리모주였는데, 이곳에는 비슷한 스타일을 추구하는 두 곳의 공방이 경쟁 관계에 있었다. 바로 생마르시알 수도원의 공방과 생테티엔 대성당의 스크립토리움이었다. 생마르시알에 있던 베네딕투스 수도원은 천년 경에 일련의 미려한 수서본들을 제작했다. 특히 『독송집』과 『성서』가 대표적인데, 『성서』는 로만 채식의 걸작 가운데 하나로 손꼽힌다. 대형판(54×39.5cm)에 2단으로 짠 이 수서본은 머리글자와 삽화들로 화려하게 채식되어 있다. 그림을 그린 두 명의 채식사 중 한 사람은 아마도 클뤼니에서 로마에서 유래한 견본집에 접해 그 영향을 받은 듯하고, 다른 한 사람은 훨씬 더 자유롭고 상상력이 풍부하다.

아키텐 지방의 이런 예술은 오크 지방의 교송극집[본래 성탄절 및 공현절 미사의 특정 대목에 삽입되는 교송성가였는데, 차츰 일종의 극으로 발전해 교회 밖 무대로 터를 옮기게 되었다]에서도 발견된다. 이 수서본은 춤꾼과 풍각장이들로 장식되어 있다. 좀더 남쪽으로 내려가 가스코뉴 지방의 생-세베르 수도원에서 만들어진 걸작은 8세기에 베아투스 드 리에바나가 지은 『계시록 주해』로, 피레네 북부에서 필사 채식된 유일한 수서본이다. 그것은 이베리아 반도의 수서본들에서 영감을 얻었으며, 특히 모자랍 미술에서 영감을 얻어 이슬람 풍의 강렬한 색채와 건축적 형태들을 보여준다. 화공 스테파누스 가르시아는 수서본에 자기 이름을 적어놓았지만, 이 로망 채식의 걸작을 만드는 데는 그 말고도 여러 협력자들의 손이 필요했을 것이다.

악사와 풍각장이.

오크 지방의 교송극집, 11세기 중엽.

생세베르 수도원의
『계시록 주해』, 11세기,
프랑스 국립도서관.
왼쪽은 새와 뱀의
싸움을, 아래는
성 요한의 환시를 각각
묘사하고 있다.

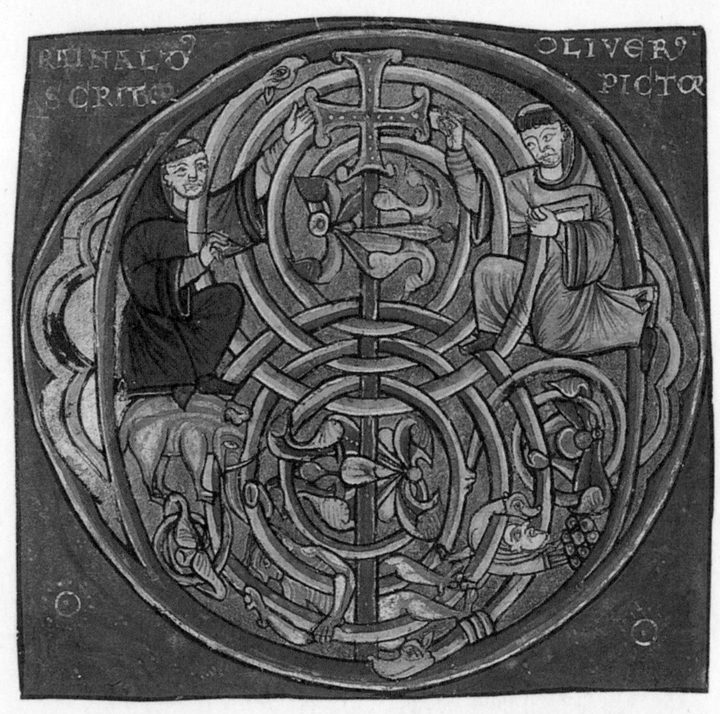

수도사 레노와 올리비에가
이 수서본을 필사하고 채식했다.

『성 십자가의 찬양에 대하여』,
라바누스 마우루스, 11세기, 두에 시립도서관.

좀 더 북쪽으로 올라가 루아르 강변에서는 고즐랭 수도원장 시절의 플뢰리 수도원이 예술적 중심지가 되었다. 위그 카페의 사생아이자 로베르 2세의 이복 형제였던 고즐랭은 예술의 후원자 역할을 스스로 맡았다. 롬바르디아 출신의 화가 니바르두스가 수도원장을 위해 화려한 복음서를 제작했는데, 자주색으로 물들인 양피지에 금과 은으로 글씨를 쓴 것이었다. 카페 왕가의 영토에서 만들어진 채식이 잘 알려지지 않은 것은 나중에 파괴되었기 때문일 수도 있겠지만, 그 지방에 생페르드 샤르트르 수도원과 생드니 수도원 말고는 이렇다 할 공방이 없었기 때문이기도 하다. 필시 트루아에서 만들어졌을 열네 권으로 된 아름다운 성서, 일명 파리의 카푸친회 성서라고도 불리는 수서본은 '이새의 나무' 그림처럼 풍부하게 채식된 머리글자들로 장식되어 있다. 이 수서본은 로만 시대 말기 즉 1170~1180년경 예술가들의 탁월한 솜씨를 입증해준다.

카페 왕국의 북부, 카롤링거 전통이 살아 있는 지역에서는 큰 수도원들, 특히 바이킹의 침입에 타격을 입었던 수도원들이 천년을 전후하여 재건되었다. 생베르탱 수도원장 오드베르는 스크립토리움의 활성화를 장려하여 많은 수서본을 주문했는데, 그 중에서 『생베르탱의 생애』와 복음서 그리고 시편집이 유명하다. 이 시편집은 생베르탱 수도원의 채식사들이 최고의 기량을 발휘한 작품이다. 채식의 또 다른 중심지는 11세기 한 때 번창했던 아라스의 생바스트 수도원이었다. 이곳에서 채식된 대(大)성서는 엮어짜기 문양에 대한 취향을 드러내며,

「신명기(申命記)」의 첫머리.

아라스 생바스트 수도원의 성서, 11세기,
아라스 시립도서관.

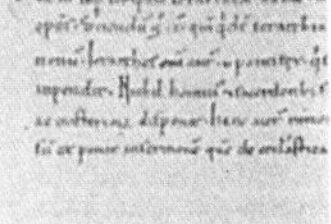

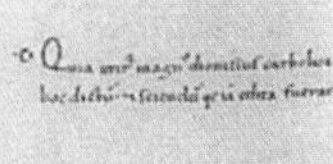

아레고파스 사람 생드니의 저작집.

12세기, 아브랑슈 시립도서관.

프랑스 북서부의 로만 예술에 카롤링거 전통뿐 아니라 영국의 영향이 여전히 남아 있음을 잘 보여준다. 발랑시엔의 생타망 수도원 또한 로만 채식의 중심지였다. 이곳에서 만들어진 걸작품 『생타망의 생애』는 무려 마흔 두 장의 삽화를 넣어 풍부한 도상을 보여준다.

11세기 노르망디 공작령에서는 정치적, 경제적, 문화적 이유로 채식이 크게 활성화되었다. 1066년 기욤[윌리엄] 공의 영국 정복으로 프랑스와 영국의 예술적 교환이 활발해졌기 때문이다. 공작령에 있던 세 군데의 큰 수도원, 페캉, 쥐미에주, 몽생미셸 수도원은 천 년 경에 기욤 드 볼피아노에 의해 개혁된 상태였고, 11세기 중엽에는 매우 활발한 스크립토리움들을 갖게 되었다. 그들은 처음에는 영국 스타일의 영향을 많이 받았지만, 독창적인 형태들을 발전시켰다.

몽생미셸의 공방에서는 펜으로 그리고 차가운 청색과 녹색을 주조로 하여 엷게 색칠한 수수한 수서본들이 만들어졌는데, 선조적이고 힘찬 스타일이 특징이었다. 장식의 핵심은 인물 삽화를 넣은 머리글자에 집중되었고, 전면 삽화는 드물었다. 머리글자는 엮어짜기로 이루어졌고 동물이나 인물들이 종종 곡예 자세로 식물 모티프에 매달려 있는 그림으로 장식되었다. 12세기 초에는 노르망디 지방의 스크립토리움들이 쇠퇴했다. 플랜터지넷 왕가가 권좌에 오르면서 권력의 중심이 영국이나 그들의 고향인 앙주 혹은 푸아투로 옮겨갔던 것이다. 따라서 앙주와 푸아투에서는 채식이 꽃피게 되었다.

12세기 유럽의 공방들은 십자군 원정과 시칠리아에 있던 노르만

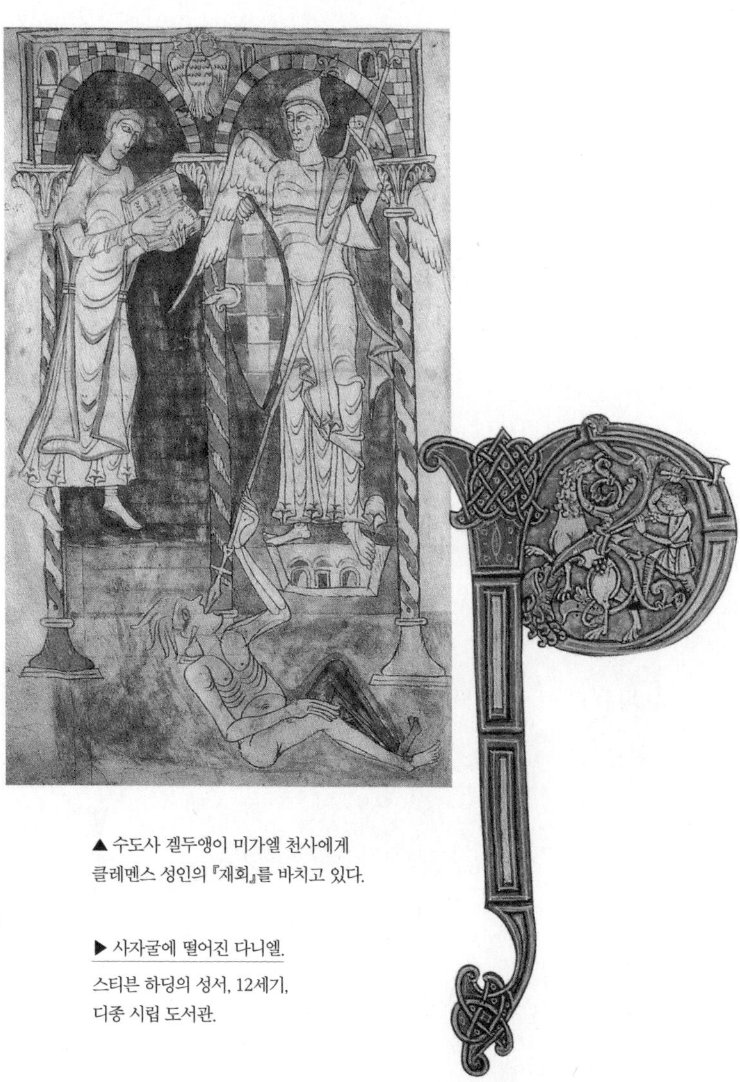

▲ 수도사 겔두앵이 미가엘 천사에게
클레멘스 성인의 『재회』를 바치고 있다.

▶ 사자굴에 떨어진 다니엘.

스티븐 하딩의 성서, 12세기,
디종 시립 도서관.

왕국의 영향으로 비잔틴 회화를 접하게 되었다. 이 때 생겨난 새로운 스타일로 장식과 주제의 표준화가 일어났지만, 서구 전통의 무게는 여전히 크게 작용했다. 도상적 획일화에는 다른 요인들도 있었는데, 특히 시토 수도원의 탄생이 중요하다.

용과 싸우는 기사.

『욥기 훈화』.
대(大)그레고리우스, 12세기
사본, 디종 시립도서관.

1098년 로베르 드 몰렘이 부르고뉴 지방에 창설한 시토 수도원에서는 1109년 영국 사람 스티븐 하딩이 수도원장이 되면서부터 독창적인 채식 예술이 발전했다. 시토의 수서본들은 아주 아름다운 장식 문자에 약간의 채색을 더한 간결한 장식을 강조했지만, 1111년경에 제작된 『욥기 훈화』는 주목할 만한 상상력을 보여준다. 시토의 채식 기술은 클레르보, 퐁티니 등지의 수도원들에서 급속하게 발전했다.

고딕 채식

12세기 말에는 출판에 큰 변화가 일어났다. 수서본의 필사는 더 이상 수도원에서만 이루어지는 일이 아니었고, 몇 군데 스크립토리움이 남아 있기는 했지만 서책의 필사와 장식은 학교와 도시로 옮겨갔다. 수서본의 제작은 이제 속인들의 공방에서 이루어졌으며, 이 공방들은 점차 늘어나는 수요에 부응하여 전문화되었다. 채식에도 변화가 생겨났다. 머리글자 장식은 점차 덜 중요해졌고 정형화되었으며 대개는 금빛 바탕에 빨강과 파랑을 번갈아가며 아라베스크 무늬를 넣는 정도였다. 테두리는 포도 넝쿨과 잎으로 장식되었고, 중세 말에는 아칸서스 잎도 등장했다. 그 안에는 주문자의 문장(紋章)이나 좌우명 같은 요소들이 등장했다.

샹티이의 콩데 박물관에 소장되어 있는 『잉게보르그 시편집』은 로만 채식과 고딕 채식 사이의 단계를 보여준다. 이 수서본은 필립

오귀스트의 왕비로 1193년에 소박맞았다가 1213년에 복권된 잉게보르그 왕비를 위해 제작된 것으로, 금빛 바탕에 삽화가 두드러져 이 미장본의 연대는 12세기에서 13세기로 넘어가는 몇 년 사이로 추정된다. 왕의 궁정에 소속된 두 명의 화가가 그린 것으로 추정되며, 13세기 초 파리의 채식 기술의 정수를 보여준다. 카페 왕가의 수도에는 인물의 우아함과 섬세하고 긴 실루엣을 특징으로 하는 새로운 스타일이 등장했는데 이와 같은 우아한 궁정 미술은 『블랑슈 드 카스티야의 시편집』『성왕 루이의 시편집』 등에서도 발견된다. 이 시편집은 1253~1270년 사이에 제작된 것으로, 구약성서의 내용을 바탕으로 하는 78장의 삽화가 들어 있다. 이 삽화들을 둘러싸고 있는 가느다란 고딕풍 틀은 루이 9세가 그리스도의 가시면류관을 맞아들이기 위해 지었던 생샤펠을 연상시킨다. 인물들은 13세기 파리 채식사들이 발전시킨 우아하고 다소 진부한 모습을 보여준다.

파리 채식은 메트르 드 오노레의 작품을 통해 그 명성이 유지되었다. 오노레는 초기의 채식사들 중에서 생애의 일부나마 추적해볼 수 있는 몇 안 되는 경우에 속한다. 그는 1292~1300년 사이에 파리에 정착하여 궁정을 위해 일했으며, 왕을 위해 성무일과서와 『왕의 대전(大典)』의 한 사본을 장식했다. 이것은 왕의 고해사였던 로랑 수사가 왕을 위해 지은 신앙생활 지침서였는데, 큰 호응을 얻어 100여 개의 프랑스어 사본 외에 여러 나라 말로 된 번역본들이 남아 있다. 이 두 수서본의 장식으로 메트르 드 오노레는

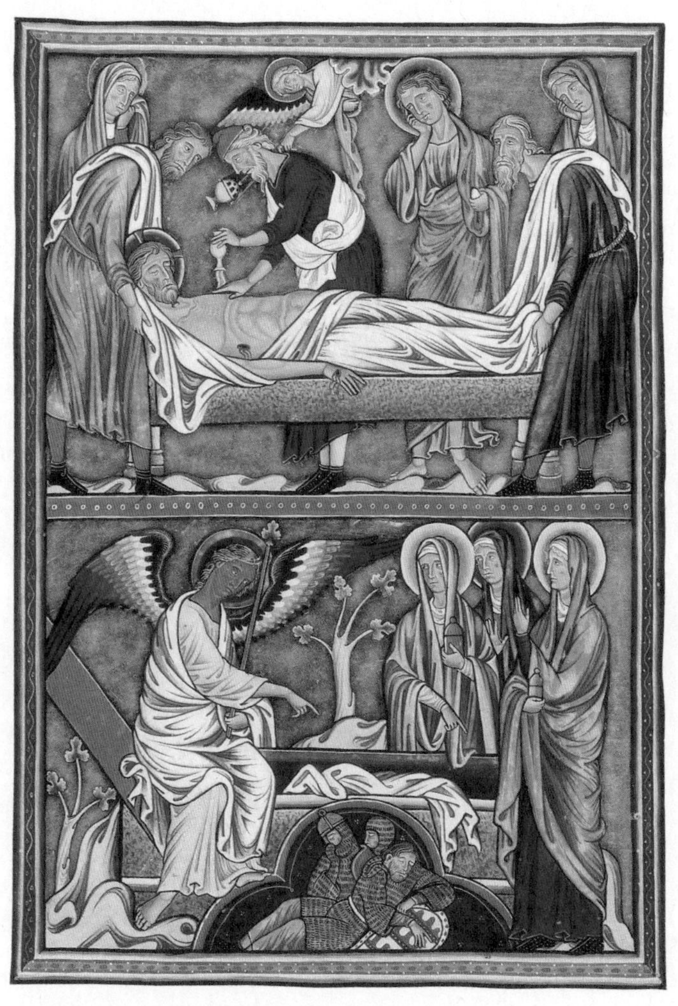

그리스도의 시신을 무덤에 안치하는 장면.

『잉게보르그 시편집』, 12세기, 샹티이 콩데 박물관.

발람의 당나귀.

『성왕 루이의 시편집』, 13세기,
프랑스 국립도서관

다윗과 골리앗.

『미남왕 필립의 성무일과서』, 메트르 드 오노레 채식,
14세기, 프랑스 국립도서관.

파리 전통에 들어가게 되었지만, 그는 지나치게 가느다란 스타일을 피하고 인물들에 양감을 더함으로써 새로운 스타일을 만들어냈다.

한편 파리의 채식은 장 퓌셀이라는 탁월한 채식사에 이르러 전성기를 맞이한다. 1334년에 죽은 이 채식사는 1319년부터 파리의 궁정에서 일했던 것으로 알려져 있다. 1323~1326년 사이에는 『벨빌의 성무일과서』, 1325~1328년에는 『잔느 데브뢰의 시도서』를 만들었고, 1327년에는 다른 채식사들과 함께 『로베르 드 빌링의 성서』 삽화를 그렸다.

장 퓌셀이 이탈리아 여행길에 피렌체 출신 화가 조토, 시에나 출신 화가 두치오 등에 의해 도입된 새로운 회화를 발견했을 가능성도 배제할 수 없다. 그의 채식화들은 혁신적인 공간감과 원근감을 특징으로 한다. 그는 토스카나의 건축도 알고 있었고, 그것을 자신의 채식화들에 장식으로 사용했다. 그러나 그는 파리 채식의 우아한 전통을 견지했고, 테두리에 펼친 풍자적이거나 공상적인 장면들로 풍부한 환상을 보여준다.

그의 공방을 이어받은 제자 장 르누아르(Jean Lenoir)는 1332~1375년에 이르는 기간 동안 채식사로 활동하면서 14세기 채식화풍을 이끌었다. 퓌셀과 마찬가지로 그는 프랑스 궁정의 왕녀들로부터 주문을 받아 『잔느 드 나바르의 시도서』, 1349년의 『본느 드 뤽상부르의 시편집』 등을 제작했다. 또한 베리 공작을 위해서 『소시도서』의 장식을 시작했으나, 완성하지 못한 채 세상을 떠났다.

피에타의 성모 앞에서 기도하는 이자벨 스튜어트.

『미덕과 악덕의 책』, 로랑 수사, 15세기, 프랑스 국립도서관.

채찍질 당하는 그리스도.

『베리 공작의 소시도서』,
장 르누아르 채식, 14세기.

채식화의 대가 기욤 드 마쇼가
자신의 저작 『시집』에 직접 그린 채색화.

14세기, 프랑스 국립도서관

이 미완성 수서본은 그리스도의 수난, 채찍질, 십자가에서 내려지는 그리스도 등의 장면을 나타낸 여덟 장면을 담고 있다.

이와 나란히 파리에서는 자연주의적인 화풍도 탄생했는데, 1350~1355년경 시인 기욤 드 마쇼의 『행운과 불운의 극복』을 위시한 수서본들의 채식은 그 좋은 예이다. 프랑스 채식화에서 최초의 풍경화를 볼 수 있다.

발루아 왕가도 미장본을 무척 애호했다. 이미 선왕 장 2세 시절인 1349~1352년 사이에도 왕을 위한 해제 성서인 『장 드 시의 성서』의 채식을 위해 열댓 명의 화공을 불러모은 바 있었다. 이런 예술 후원은 샤를 5세 치하에서 한층 더 활발해졌다. 플랑드르 출신 화가들의 기여와 이탈리아 회화의 영향이 합쳐져서 중세 미술사가들이 흔히 '국제 고딕'이라 부르는 스타일로 발전했다. 가장 좋은 예는 14세기 말 파리에서 왕과 왕제(王弟)들 특히 베리 공작을 위해 제작된 채식화들이다.

위대한 채식 화가들의 시대

발랑시엔 출신인 앙드레 보느뵈는 샤를 5세에게 조각가로 고용되어, 1364년부터 생드니의 왕묘(王廟)에 놓일 와상(臥像)들을 제작했다.

1380년 왕이 죽자 그는 플랑드르 백작, 루이 드 말, 그리고 1385년경부터는 베리 공작에게 고용되어, 1402년 공작이 세상을 떠나기까지 그를 위해 일했다. 이 완벽한 조각가는 탁월한 채식

화가이기도 해서 『베리 공작의 시편집』을 꾸미기도 했는데, 이 수서본에서 사도들이 웅장한 좌석에 좌정한 모습을 그린 담채화들은 그의 조각가다운 면모를 엿보게 한다.

북부 지방 출신인 또 다른 채식 화가 자크마르 드 에스댕은 1384년부터 베리 공작에게 고용되어, 장 르누아르가 미완성으로 남긴 『소시도서』의 채식을 완성했으며, 새로운 시도서인 『대시도서』의 주문을 받았다.

그러나 이 두 채식 화가들을 무색케 한 것은 랭부르 형제들이다. 이들은 첫 번째 후원자였던 부르고뉴 공작 필립 르 아르디가 1404년에 죽은 후 베리 공작을 섬기게 되었는데, 그를 위해 중세 채식의 가장 유명한 걸작인 『베리 공작의 호화 시도서』를 제작했다. 1416년 형제의 죽음으로 인해 미완성으로 남겨진 이 호화로운 채식 시도서는 특히 월력(月曆)의 아름다운 삽화 때문에 유명하다. 랭부르 형제는 매달 혹은 매일 정해진 일을 그리는 전통적인 도상적 주제 가운데 주인이 짓고 있던 성채들을 그려 넣었다.

국제적 고딕풍은 이탈리아의 모티프들과 북부 출신 예술가들 특유의 원근법 사용에서 극에 달했다. 랭부르 형제가 유명했지만 그들 외에도 그 시대에 상당히 명성을 누린 다른 채식 화가들도 있었다. 특히 '메트르 드 부시코'라 불리는 인물은 플랑드르 출신의 자크 쾨느(Jacques Coene)라는 화가로 추정되는데, 파리에 정착하여 1410~1415년경에 『부시코 원수의 시도서』의 채식을 완성했다. 그는 베리 공작을 위해서도 마르코 폴로의 여행기에서 발췌한 『경이의 책』을 그렸다. 그의 공방은 15세기의 첫 3분기 동안 파리의 채식을 지배했다.

귀족 계층이 선호했던 또 다른 명장은 프랑스의 섭정이었던 베드포드 공 존의 주문을 받아 일했기 때문에, 미술사가들에 의해 '메트르 드 베드포드'로 불린다. 1422년부터 영국왕 헨리 6세를 위해 파리를 다스렸던 베드포드 공을 위해, 그는 『베드퍼드 공작의 시도서』 『솔즈베리를 위한 성무일과서』 등을 제작했다. 그 이전인 1410~1415년 사이에는 『가스통 푀뷔스의 사냥의 책』에도 그림을 그렸으며, 1430년경까지 수많은 귀족 주문자들을 위해 일했다. 그의 스타일은 메트르 드 부시코에게 빚지고 있으나, 구성이 좀더 빽빽하고 세부 묘사가 치밀하다는 점에서 구별된다.

국제풍 고딕의 마지막을 장식한 위대한 채식사도 그 이름이 알려지지 않아 그저 '메트르 드 로앙'으로 불린다. 그는 15세기에 브르타뉴에 살았던 로앙 가문에 소장된 시도서를 그렸다. 그러나 이 책은 분명 앙주 여백작이었던 욜랑드 다라곤의 주문으로 제작된 것이었다. 샹파뉴 출신이었던 이 이름 없는 화가는 1415~1422년 사이에 파리에 정착하여 앙주 백작가를 위해 일했다. 격렬하고 '표현주의적'인 스타일 덕분에 그는 열외의 예술가 취급을 받는다.

카페 왕국의 수도 파리는 영국인들에 의해 점령당했고 백년전쟁의 혼란 속에서 파리의 공방들도 뿔뿔이 흩어지고 말았다.

성탄.

『베리 공작의 호화 시도서』, 프랑스 국립도서관.

2월.

『베리 공작의 호화 시도서』, 랭부르 형제 채식,
15세기, 샹티이 콩데 박물관.

2월.

『그리마니 성무일과서』, 16세기,
베네치아 국립도서관.

성탄.

『베드포드 공작 존의 성무일과서』,
메트르 드 베드포드 채식, 15세기, 프랑스 국립도서관.

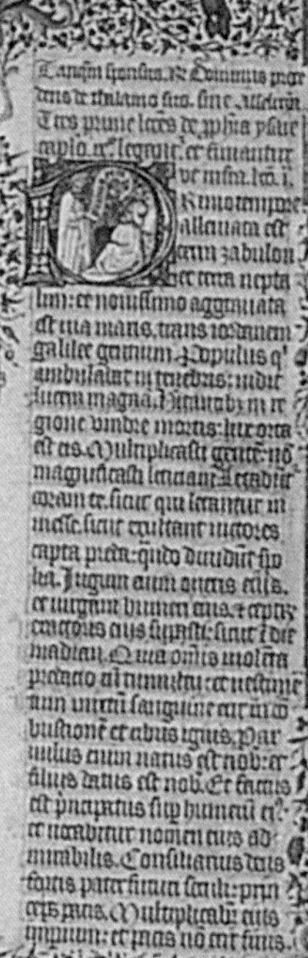

곰 사냥.

『가스통 푀뷔스의 사냥의 책』, 부시코 채식, 15세기, 프랑스 국립도서관.

헤이튼이 부르고뉴 공작 장 상 푀르에게 책을 바치는 장면.

『경이의 책』, 메트르 드 부시코 채식, 15세기, 프랑스 국립도서관.

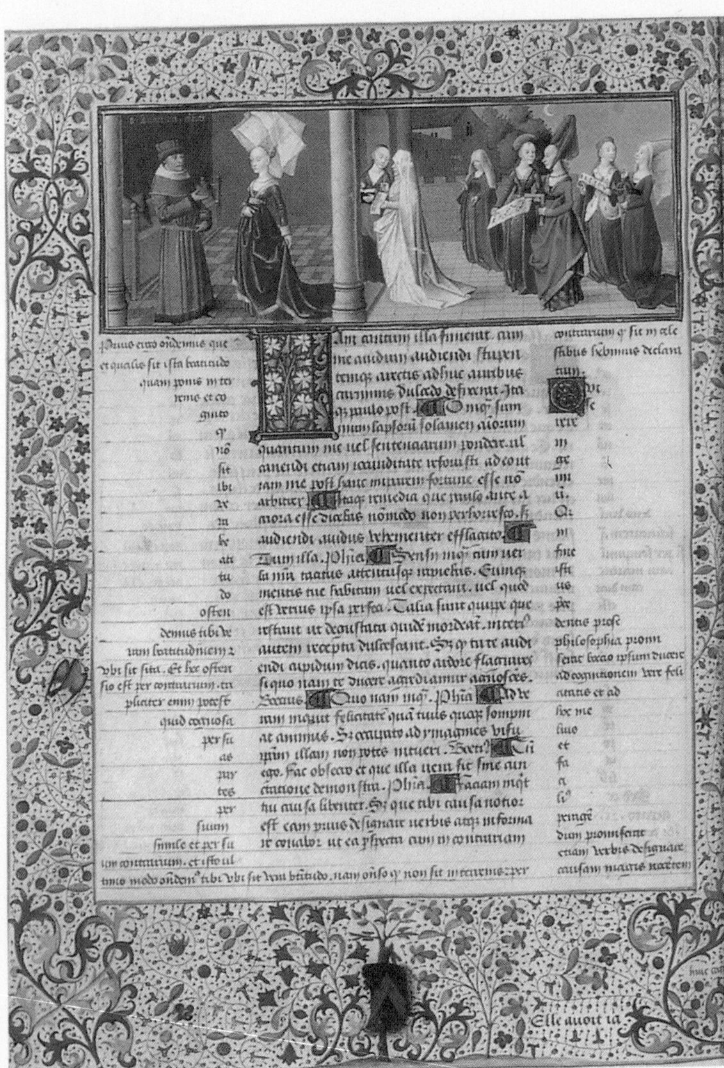

파리는 채식의 수도라는 명성을 잃게 되었다. 채식 화가들이 다시금 파리에 모여드는 것은 1440년이 되어서이다. 1445~1465년 사이에 추기경 장 롤랭으로부터 많은 주문을 받아 '대가 장 롤랭'으로 불렸던 화가나, 1473년경에 활동했던 '메트르 드 프랑수아', 1450~1485년경에 활동했던 '메트르 드 코티비' 등이 있다. 메트르 드 코티비는 프랑스 궁정에서 채식 화가로 일했지만, 채색 유리창과 타피스트리를 위한 그림도 그렸다. 15세기 후반의 파리는 더 이상 프랑스에서 유일한 채식의 중심지가 아니었다. 아미앵, 아라스, 에스댕, 릴, 발랑시엔 같은 왕국 북부 도시에 있던 공방들도 파리와 경쟁할 수 있었고, 그 밖에도 부르고뉴 공작들의 후원을 받는 지금의 벨기에의 도시 브뤼헤와 겐트도 채식의 중심지로서 외국 고객들의 주문을 받았다.

보에티우스 『철학의 위안』,
메트르 드 코티비 채식, 15세기,
프랑스 국립도서관.

시몽 마르미용은 자기 시대의 가장 유명한 화가이자 채식사 중 한 사람이었다. 1425년 아미앵에서 태어난 그는 1451년에 고향을 떠나 1458년에 발랑시엔에 정착, 1489년 세상을 떠나기까지 그곳에서 활동했다. 1451~1460년 사이에 툴 주교이자 생토메르에 있던 생베르탱 수도원장이었던 기욤 필라스트르의 주문을 받아 부르고뉴 공작 필립 르 봉을 위해 『프랑스 대연대기』를 채식했다. 이 빼어난 미장본에 실려 있는 스물다섯 장의 큰 삽화는 그 자체로서 회화 작품이라 할 만하다.

고딕 시대 말기에 이르면, 채식은 색채 예술 가운데 누렸던 높은 지위를 회화 예술에 내주게 된다. 채식사들은 더 이상 주도권을 행사하지 못하고, 화가들과 경쟁하게 된다. 두 가지 직업은 혼동되었고, 시몽 마르미용이나 장 푸케 같은 예술가들은 두 가지 활동을 병행했다.

장 푸케는 분명 15세기의 가장 위대한 프랑스 화가이다. 그는 1446년경 로마에 체류하면서 프라 안젤리코를 만나고 피렌체에 들러 도나텔로의 조각을 발견하면서 원근법과 인체 재현을 완벽하게 마스터했다. 1420년경에 태어난 그는 투르에 정착하여 그곳에서 1478~1481년 사이에 세상을 떠났다. 그는 독특하고 시적인 스타일을 창조했으며, 이탈리아와 플랑드르의 영향을 프랑스적으로 종합하여 둘도 없는 예술가였다. 채식 예술의 이러한 통달은 1456년경의 『프랑스 대연대기』, 1452년경의 『에티엔 슈발리에의 시도서』 『유대 고대사』 그리고 루브르 박물관에 낱장들만이 소장되어 있는 『카이사르까지의 고대사』 등에서 발휘되었다.

장 푸케와 어깨를 나란히 할 만한 유일한 예술가는 엑상프로방스에 자리잡은 플랑드르 사람 바르텔레미 다이크였다. 그는 1447~1470년 사이에 나폴리의 선왕 르네의 공식 화가였으며, 왕을 위해 씌어진 알레고리 소설인 『사랑에 취한 마음』의 수서본에 실린 찬란한 삽화들을 그렸다.

루이 12세에게 책을 바치는 장면.

16세기, 프랑스 국립도서관.

『생미셸 교단 정관』, 장 푸케 채식,
15세기, 프랑스 국립도서관.

복음서 기자 성 요한.

『로마를 위한 시도서』, 바르텔레미 다이크 채식,
15세기, 뉴욕 피어폰트 모건 도서관.

▲ 기도하는 다윗왕.

『에티엔 슈발리에의 시도서』,
장 푸케 채식, 15세기,
프랑스 국립도서관.

▶ 왕관을 쓴 죽음.

『르네 당주의 시도서』,
바르텔레미 다이크 채식,
15세기, 런던 브리티시 도서관.

마르탱 성인.

『루이 드 라발의 시도서』, 장 콜롱브 채식,
15세기, 프랑스 국립도서관.

Domine la
bia mea a
peries.
Et os meum annū
ciabit laudem tuam.
Deus in adiuto
rium meum
intende.

프랑스의 위대한 채식사로 꼽을 만한 마지막 세 사람은 무엇보다도 우선 재능 있는 화가였고, 자신들의 강력한 후원자들을 위해 수서본을 장식하기를 꺼리지 않았다. 그들 세 사람은 모두 왕의 궁정을 위해 일했다.

부르주에 자리잡은 장 콜롱브는 조각가 미셸 콜롱브와 형제간으로 그 역시 프랑스 왕실을 위해 일했다. 1467~1493년 사이에 강력한 영주 루이 드 라발의 주문을 받은 그는 영주의 『시도서』를 위해 수많은 전면 삽화들을 그렸다.

이 위대한 채식사들 가운데 마지막 한 사람은 리옹에 살던 장 페레알(Jean Perrél)이었다. 그는 1496년부터 샤를 8세, 그 후에는 루이 12세 그리고 프랑수아 1세를 1530년 왕이 세상을 떠나기까지 섬겼다. 그의 채식 작품들에서는 이탈리아 르네상스의 영향이 엿보인다.

사부아 공 샤를 1세와 그의 아내 블랑슈 드 몽페라.

『베리 공작의 호화 시도서』, 장 콜롱브 채식, 15세기, 샹티이 콩데 박물관.

INCIPIT
PROFETA
TUM
EST
VER

마치며

책의 역사는 영원히 우리를 매혹한다

오늘날의 독자가 중세 수서본들을 뒤적이다가 발견하게 되는 다양한 도상들, 그 풍부함과 기발함, 세월과 풍상에도 바래지 않은 찬연한 빛깔들로 이루어진 세계는 중세의 책들이 오늘날까지도 우리를 매혹하는 이유에 대한 설명이 될 것이다.

그런 책들은 만들지 않은 지가 아주 오래 되었으므로, 기적적으로 보존된 책들은 도서관이며 개인 소장가들에게는 거의 보물이 되었다. 일반 대중은 어쩌다 전시회나 열려야 그 눈부신 유산을 구경할 수 있을 뿐이다. 극히 수수한 수서본들조차도 최근의 공개 경매에서 천문학적인 값에 거래되었다는 사실은 중세 수서본의 인기가 전혀 줄어들지 않았음을 단적으로 말해준다. 수서본들은 중세라는 시대에 대한 우리의 시각에 지울 수 없는 각인을 남긴다. 『베리 공작의 호화 시도서』에서 보는 바와 같은 우아함과 기발함에서부터 모자랍 족의 계시록이나 로만 시대의 성서들이 보여주는 상상의 세계에 이르기까지, 모든 수서본은 여러 세기 전의 첫 독자들에게 그렇게 했듯이, 여전히 우리를 꿈의 세계로 이끈다.

옮긴이의 말

가장 귀했던 한 권의 책

세상이 한 권의 책으로 여겨지던 시절이 있었다. 창조주의 말씀으로 지어진 세계는 곧 그를 드러내는 책이며, 모든 피조물은 그 책을 이루는 글자들이라는 것이다. 이런 생각은 기독교 초기(교부시절)부터 있던 것으로, 가령 성 아우구스티누스는 한 설교에서 이렇게 말한 바 있다. "어떤 이들은 신을 발견하기 위해 책을 읽는다. 그러나 더 큰 책이 있으니 창조된 세계 자체가 그것이다. 사방 위아래를 둘러보고 눈 여겨보라. 그대가 발견하고자 하는 신은 먹물로 글씨를 쓰는 대신 지으신 만물을 그대 눈앞에 두신 것이다."

이런 생각은 중세에도 그대로 이어져 '자연의 책'과 '계시의 책'이라는 두 가지 책의 관계에 대한 성찰도 심화되었다. 즉, 스콜라 철학자들에 의하면 인간은 원죄 이후 불완전한 존재가 되어 세상이라는 책을 제대로 읽지 못하게 되었으며, 그래서 신이 인간에게 그 뜻을 계시한 책 곧 성서를 주셨다는 것이다. "눈에 보이는 이 모든 세상은 신의 손가락으로 씌어진 한 권의 책과도 같다. …그러나 까막눈이는 책을 펼치고 글자를 들여다보아도 읽지 못하듯이, 어리석은 자연의 인간은 성령에 속한 것을 알지 못한다…."(위그 드 생빅토르). "인간이 원죄로 타락하면서… 자연이라는 책은 파괴된 것이나 마찬가지이다. 그래서 이 책의 뜻을 밝히기 위해 또 다른 책이 필요해졌으니, 그것이 바로 성서이다."(보나벤투라). 한 마디로,

중세인들은 성서라는 책을 길잡이 삼아 세계라는 거대한 책 속에서 살았던 셈이다. 그리고 그 최종적인 목표 또한 한 권의 책이었다고 할 수 있다. 지옥에서 연옥을 거쳐 천국의 최상층에 이른 단테는 이렇게 찬미한다. "그의 빛 깊은 곳에서 나는 보았노라/ 우주에 흩어진 모든 것이/ 사랑에 의해 한 권의 책으로 엮어진 것을."('천국편' 제33곡 85~87행).

책에 대한 중세인들의 믿음은 비단 성서에 국한되지 않았다. 그들의 앎과 생각은 대부분이 책에 근거한 것이었으며, 이 때의 책이란 고전 고대 이후의 모든 책을 포함하는 것이었다. C. S. 루이스는 중세 문화의 특색을 무엇보다도 그 "압도적으로 서적적인(bookish) 성격"에서 찾는다. 예컨대, 중세인들이 공중에 사는 정령들의 존재를 믿었던 것이나 지상과 천상을 나누는 경계가 달의 궤도라고 생각했던 것은 원시적이거나 신화적인 사고에서가 아니라 다름 아닌 '책'에 그렇게 씌어 있었기 때문이라는 것이다. 그 '책'들의 계보를 따져보면 플라톤, 아리스토텔레스에게까지 거슬러 올라간다. 이들 저자들(auctores)이야말로 권위(auctoritas)의 보루였으며, 이런 권위 있는 저작을 읽는 것이 중세 교육의 기초였다. 기독교 초기에는 고대의 이교적 문화 유산을 이른바 '출애굽의 전리품'으로서 받아들였다면, 고대 문화 몰락 이후의 암흑기를 거쳐온 중세인들은 그 유산을 서구 문화 창달의 기반으로 삼았던 것이다. 흔히 인용되는 '거인과 난쟁이'의 비유는 중세인들의 고대 문화 수용 자세를 단적으로 보여준다. "우리는 거인들의 어깨 위에 올라앉은 난쟁이들과도 같다. 그러므로 우리는 고대인들보다 더 많은 것을 더 멀리까지 볼 수 있지만 그것은 우리 자신의 눈이 좋아서가 아니라 그들의 높직한 어깨 위에 올라앉은 덕분이다."(베르나르 드 샤르트르). 그리고 그 문화 유산이란 다름 아닌 책의 형태로 전해졌으니, 고전 고대 문화에 대한 경외감 또한 책에 대한 경외감으로 이어졌다.

하지만, 기독교가 아무리 '책의 종교'라 해도, 그리고 고대 문화에 대한 경외감이 아무리 컸다 해도, 만일 그 시절의 책이 좀더 싸고 흔한 물건이었다면 사정은 달랐을 것이다. 중세의 책이란 얼마나 귀한 물건이었던가. 수도사나 성직자, 고위 귀족이 아니고는 책을 읽기는커녕 구경도 하기 어려운 시절이었다. 한 군데 도서관의 장서만도 수만 권에 달했다는 고대의 도서관들은 사라진 지 오래였고, 중세 초기에는 수도원을 통해 기본적인 종교서적이나 문법책 등이 명맥을 유지할 뿐이었다. 그래서 서책을 되찾으려는 노력은 9세기에 일어난 이른바 카롤링거 르네상스의 주요한 국면을 이룬다. 비잔틴 제국이나 아랍 세계를 통해 들어오는 서책들을 찾아다녔던 수많은 번역가들과 필사자들이야말로 이 르네상스의 선구자들이라 할 것이다. 더구나 인쇄술이 없던 시절, 책을 얻는 유일한 방법은 다른 수서본을 베껴 쓰는 것이었으니, 필사는 또 얼마나 더디고 힘든 작업이었던가. 말 그대로 밭갈이에 비유되곤 했던 필경(筆耕)은 천국에 들어가기 위한 참회의 행위로 여겨졌으며, 베낀 쪽수와 행수, 글자 수를 세어

연옥에서 보낼 햇수가 얼마나 줄어들었는가를 헤아릴 정도였다. 일례로, 1050년에 엑시터 대성당의 주교로 부임한 이는 도서관에 책이 단 5권밖에 없는 것을 보고는 즉시 필사실을 만들어 서책 제작에 힘썼지만, 세상을 떠나기까지 22년 동안 총 66권의 책을 만들었을 뿐이라고 한다. 필사의 대본이 될 책을 구하기도 어려울 뿐 아니라 필사본을 만드는 일도 그 못지 않게 어려웠던 것이다.

뿐만 아니라, 책은 값비싼 물건이기도 했다. 고대에는 비교적 구하기 쉽고 값싼 파피루스로 두루마리 책을 만들었지만, 중세의 책이란 대부분 양피지로 만든 장정본이었다. 양피지는 만드는 공정도 까다로운데다가 양 한 마리에서 고작 넉 장이 나올 뿐이었으므로, 신구약 성경 전체를 제작하려면 자그마치 200마리의 양을 잡아야 했다니 양피지 값만도 만만치 않았을 것이다. 그 위에 금박 은박을 입히고 각색 물감으로 채식(彩飾)을 더하는가 하면 표지는 각종 보석으로 치장하기까지 했으니, 그쯤 되면 책은 단순히 읽기 위한 것이 아니라 부와 위용을 과시하는 사치품이요 "정신적인 재화라기보다는 경제적인 재화"(자크 르 고프)였다. 샤를마뉴 대제가 장서의 일부를 팔아 수도원에 보시(布施)했다고 하는 것도 그래서 가능한 얘기이다. 그런 책값은 장원 하나와 맞바꿀 정도였다고도 하고 장원의 연간 수입과 맞먹었다고도 하는데, 좀더 비근한 기준으로는 도시 가옥 한 채의 평균가가 100리브르였을 때 책 한 권이 15리브르였다고 한다. 집 한 채를 판다 해도 고작 6~7권의 책을 살 수 있었던 셈이다. 그러니 종교 생활을 위해 복음서, 예배서, 기도서 등 일정한 종교서적들을 갖추어야 했던 수도원이나 성당을 제외한다면, 귀족 가문에서도 책은 중요한 혼수 품목이요 대물림되는 귀중품이었다.

변화가 일어나기 시작하는 것은 12세기 이후 도시 문화가 발달하면서부터였다. 대학들이 생겨나고 교사와 학생들이 새로운 책 수요자로 등장하면서 내용도 다양해졌고 교재용 책들은 좀 더 수수하고 실질적인 형태를 갖게 되었다. 더 이상 사치품이 아닌 도구로서의 책이 나타난 것이다. 책 제작도 수도원을 떠나 도시의 공방에서 이루어졌으며, 따라서 수도사가 아닌 전문 필경사나 채식사, 서적상도 등장하게 되었다. 13세기에는 수도원의 쇠퇴와 더불어 수도원 필사실이나 도서관은 점차 황폐해졌던 반면, 대학에도 도서관이 생겨났다. 수도원이나 학생 사회에서 심심찮게 전해오는 책 훼손에 대한 일화들은 책을 위해 목숨을 걸기까지 했던 이전 시대와 격세지감을 느끼게 한다. 도난방지용 쇠사슬에 매어놓은 책의 험상궂은 모양새나 본서에 실린 글 「수도원 도서관의 파괴」 「학생 족속의 뒷모습」 등에 묘사된 바와 같은 가련한 책들의 운명은 책에 대한 경외감과는 거리가 한참 멀다. 책을 읽는 태도도 낭독에서 묵독으로 바뀌고 세속 문학의 발달과 함께 속인 독자층이 늘어났으며, 종교서적이나 고대의 전적들이 속어로 번역되는가 하면 새로이 씌어지는 저작들도 서가에 자리를 차지하게 되었다. 이 모든 것이 다가오는 새로운 시대, 인쇄술과 종이 생산이 열게 될 시대의 전조였던 셈이다.

본서는 이런 책의 면면을 소상히 보여준다. 양피지며 잉크를 만드는 공정에서부터 필경, 채식 과정에 이르기까지, 그리고 책과 독자의 관계가 어떻게 변하고 책의 위상이 어떻게 달라졌던가 하는 것까지. 그러나 무엇보다도 흥미로운 것은 채식에 할애된 제3부이다. 오늘날 우리가 접하게 되는 중세 이미지의 대부분은 수서본의 채식화에서 온 것이라 해도 과언이 아니지만, 중세 미술 중에는 건축이나 세공에 비해 경시되었던 것이 사실이다. 중세 당시에도 수서본의 제작에서 채식은 필경에 비해 경시된 작업이고, 따라서 필경사의 이름과 달리 수서본 말미에 채식사의 이름이 남아 전해지는 것은 비교적 후대의 일이다. 그러나 화판에 그림 그리는 일이 전무하다시피 했던 시절 필사본에 남겨진 여백이 거의 유일한 화폭이었던 만큼, 필사본들은 중세 회화의 보고가 되었다. "일반적으로 중세 예술의 특색이라고 불리는 대부분, 그중에서도 특히 손꼽히는 단순화와 양식화의 경향, 공간적인 깊이나 원근법의 포기, 인체의 비례나 기능을 무시한 비자연주의적 취급 등은 중세 초기에만 적용되는 것이었고, 도시의 화폐경제가 시작될 무렵에는 이미 찾아보기 힘든 것이었다."(아르놀트 하우저). 종교 서적들에 그려진 성화들로부터 세속 서적들에 그려진 일상적 주제의 그림들에 이르기까지, 대가의 솜씨가 발휘된 정교한 그림에서부터 쓱쓱 휘갈겨놓은 듯한 대범한 스케치에 이르기까지, 화첩은 풍부하기 그지없다. 이 책에 실리지 못한 다른 그림들을 생각하면 아쉬움이 인다.

이런 수서본들이 유럽에는 대체 얼마나 남아 있는 것일까. 바티칸의 서고는 가장 화려한 수서본들을 소장하고 있는 것으로 알려져 있지만, 내용이 제대로 확인된 것은 10분의 1도 못된다고 한다. 프랑스의 공공도서관들에도 1500년 이전의 수서본이 5만 권 가량 소장되어 있지만, 간략한 서지사항 이상은 알려져 있지 않은 경우가 태반이다. 그러니 이 '미지의 땅'에서 언제 어떤 발견이 이루어질지 알 수 없는 노릇이다. 가령, 1310년 여성 신학자 마르그리트 포레트와 함께 화형대의 불길 속에 사라진 것으로만 알려졌던 그녀의 저서가 1946년에 발견되었으며, 12세기 벽두에 남녀 공동수도원을 창설한 것으로 유명한 로베르 다르브리셀의 자서전이 1984년에 발견되기도 했다. 심지어 1990년에는 성 아우구스티누스의 알려지지 않았던 저작들까지 발견되었다니, 누가 알랴. 언젠가는 정말로 아리스토텔레스 『시학』의 「희극론」이 발견될런지!

2006년 2월 최애리

참고문헌

Alexander, Jonathan J.G., *Medieval Illuminators and their Methods of Work*, Yale University Press, New Haven Londres, 1992.

Avril François, Reynaud Nicole, *Les Manuscrits à peintures en France,* 1140~1520, Paris, 1993.

Avril François, *L'Enluminure àl'époque gothique*, Paris, 1995.

Blum A., Lauer Ph., *La Miniature françoise aux XVe et XVIe Siècles,* Bruxelles, 1930.

Bozzolo, C., *Pour une histoire du livre manuscrit au Moyen Age. Trois essais de codicologie quantitative*, Paris, 1980.

Camille, Michael, *Images dans les marges*, Paris, 1997.

Châelet, Albert, *L'Age d'or du manuscrit à peintures en France au temps de Charles VI et les Heures du maréhal de Boucicaut*, Paris, 2000.

Dalarun, Jacques, (éd.), *Le Moyen Age en lumière*, Paris, 2002.

De Hamel, Christopher, *Une histoire des manuscrits enluminés*, Paris, 2001.

Dosdat, Monique et Girard, Alain R., *Livres d'Heures de Basse-Normandie*, Caen, 1985.

Glénisson, Jean (éd.), *Le Livre au Moyen Age*, Presses du CNRS, Paris, 1988.

Harthan, Jean-Paul, *L'Age d'or des livres d'Heures*, Bruxelles, 1971.

Ingo F. Walther, Norbert Wolf, *Codices Illustres*, Taschen Gmbh, 2001.

Leroquais, Victor, *Les Livres d'Heures manuscrits de la Bibliothèque nationale*, Paris, 1927.

Martin, Henri-Jean et Vezin, Jean (éd.), *Mise en page et mise en texte du livre manuscrit*, Paris, 1990.

Porcher, Jean, *L'Enluminure françoise*, Paris, 1959.

Randall, L.M.C., 「Images of the margins of Gothic manuscripts」, *Art Bulletin*, n° 39, 1957, P. 27-107.

Smeyers, Maurice, *La Miniature, Typologie des sources du Moyen Age occidental*, Grepols Turnhout, 1974.

찾아보기

세상은 한 권의 책이었다

초판 1쇄 발행 2006년 3월 1일
개정판 1쇄 인쇄 2013년 10월 21일
개정판 1쇄 발행 2013년 10월 25일

발행처: 도서출판 마티
출판등록: 2005년 4월 13일
등록번호: 제2005-22호
발행인: 정희경
편집장: 박정현
편집: 이창연·강소영
마케팅: 김영란·최정이
디자인: 땡스북스 스튜디오

주소: 서울시 마포구 서교동 481-13번지 2층 (121-839)
전화: (02) 333-3110
팩스: (02) 333-3169
이메일: matibook@naver.com
블로그: http://blog.naver.com/matibook
트위터: http://twitter.com/matibook

ISBN 978-89-92053-79-2 (03900)
값 18,000원

Incipiunt hore de sco spiritu

Domine labia mea aperies Et os meum annunciabit laudem tuam.

Deus in adiutorium meum intende: Domine ad adiuvandum me festina. Gloria patri et filio et spiritui sancto.

Sicut erat in principio et nunc et semper et in secula seculorum Amen.

Nobis sancti spūs gratia sit data de qua virgo virginum fuit obumbrata. Cu